Dr. Karl Rosenthal

Die Sachlegitimation.

Von der

Hohen rechts- und staatswissenschaftlichen Fakultät

der Kgl. bayerischen Julius-Maximilians-Universität Würzburg

gekrönte Preisschrift.

München
J. Schweitzer Verlag (Arthur Sellier)
1903.

Maenner, K., Reichsgerichtsrat in Leipzig.
Das Recht der Grundstücke nach dem bürgerlichen Gesetzbuche und der Grundbuchordnung für das Deutsche Reich. gr. 8°. (VIII, 408 S.) 1899. Broschiert Mk. 9.—, in Halbfranz gebd. Mk. 11.—.

Archiv für bürgerliches Recht. 13. III. 1900.
. . . Im ganzen scheint mir das Buch unter den bisherigen Sonderdarstellungen des Sachenrechts auf eine der ersten Stellen Anspruch zu haben.

Meikel, Gg., K. II. Staatsanwalt in München.
Das Bürgerliche Gesetzbuch für das Deutsche Reich nebst Einführungsgesetz mit Wiedergabe der verwiesenen Paragraphen und ausführlichem Sachregister. gr. 8°. (38 Bogen.) In Ganzleinen gebd. Mk. 3.60.

Dasselbe, Ausgabe auf Schreibpapier mit breiten Rändern. 4°. geb. Mk. 6.—.

Schweitzers altes und neues Handelsgesetzbuch (mit Seerecht) nebst Einführungsgesetz. Vergleichende Textausgabe mit alphabetischem Sachregister. In Ganzleinen gebd. Mk. 3.50.

Schweitzers alte und neue Civilprozeßordnung und Gerichtsverfassungsgesetz. Vergleichende Textausgabe mit alphabetischem Sachregister. In Ganzleinen gebd. Mk. 3.—.

Schweitzers alte und neue Konkursordnung nebst den zugehörigen Einführungsgesetzen und Gesetz betr. die Anfechtung von Rechtshandlungen eines Schuldners außerhalb des Konkursverfahrens. Vergleichende Textausgabe mit alphabetischem Sachregister. In Ganzleinen gebd. Mk. 1.50.

Hermann, J., Rechtsanwalt in Würzburg.
Civilrechtliche Fristen und Verjährungen der deutschen Reichsgesetze. 8°. (485 S.) Broch. Mk. 7.20, in Ganzleinen gebd. Mk. 8.—.

Wochinger, K., K. Amtsgerichtssekretär in Nürnberg.
Die Prozeßgebührengesetze für das Deutsche Reich in der Neutextierung vom 20. Mai 1898, umfassend Das Gerichtskostengesetz, die Gebührenordnung für Zeugen und Sachverständige, die Gebührenordnung für Gerichtsvollzieher, die Gebührenordnung für Rechtsanwälte. Handausgabe mit Erläuterungen, Tabellen und ausführlichem Sachregister. 8°. (295 S.) In Ganzleinen gebd. Mk. 4.20.

Keidel, Fr., K. Amtsrichter in München.
Gesetz über die Angelegenheiten der freiwilligen Gerichtsbarkeit vom 17. Mai 1898. Handausgabe mit Erläuterungen und ausführlichem Sachregister. 8°. (XII, 190 S.) 1898. In Ganzleinen gebd. Mk. 3.20.

Die Sachlegitimation

von

Dr. Karl Rosenthal.

Von der
Hohen rechts- und staatswissenschaftlichen Fakultät
der Kgl. bayerischen Julius-Maximilians-Universität Würzburg
gekrönte Preisschrift.

München
J. Schweitzer Verlag (Arthur Sellier)
1903.

Inhaltsverzeichnis.

Die Sachlegitimation.

A. Begriff nach gemeinem Prozeßrecht.[1])

Das Wort legitimare bedeutet einen zum legitimus machen; ferner aber einen als legitimus darstellen; sein Recht zu gewissen Handlungen beweisen; in diesem Sinne wurde es im Prozesse gebraucht.

Man unterscheidet demnach:

Die legitimatio ad praxin, wodurch Advokaten und Prokuratoren den Beweis erbrachten, daß sie die Befugnis hätten, Rechtssachen zu führen; die legitimatio personae, als den Beweis der Fähigkeit, vor Gericht zu stehen (unsere Prozeßfähigkeit), worin die Parteien dartun, daß sie die notwendige Handlungsfähigkeit für den Prozeß besitzen, die legitimatio ad processum, den für Vertreter notwendigen Nachweis der Prozeßvollmacht; schließlich die legitimatio ad causam, die nach Planck[1]) dahin ging: sibi esse ius hanc causam iam probatam proprio nomine ac iure agendi.

Man forderte von den Parteien eine Legitimation zur Sache nach zwei Richtungen:

1. vom Kläger, daß er der richtige Kläger sei, d. h. daß er die Existenz des streitigen Rechtsverhältnisses vorausgesetzt, derjenige sei, der es mit Recht geltend machen und verfolgen könne legitimatio ad causam activa,
2. daß auch derjenige, den man in Anspruch nahm der richtige Beklagte d. h. der sei, welcher wirklich aus jenem Rechtsverhältnisse in Anspruch genommen werden könne legitimatio ad causam passiva.

Im allgemeinen fällt nun der Beweis hiefür mit dem Beweise des in Anspruch genommenen Rechts, mit dem Hauptbeweise zusammen. Denn zunächst behauptet der Kläger und muß er beweisen, daß irgend ein Recht entstanden ist; da aber kein Recht denkbar ist, welches nicht einer bestimmten Person oder einem Kreise von solchen zusteht, wird der Beweis des behaupteten Rechts und die Aktivlegitimation, der Beweis, daß es dem Kläger zusteht, in der Regel gleichzeitig geliefert.

---

[1]) Vergleiche zum Nachstehenden Planck: de legitimatione ad causam. Diss. Göttingen 1837.

Ebenso ist für Schuldverhältnisse die Passivlegitimation selbstverständlich; denn es kann schlechthin keine Obligatio ohne Schuldner geben und der ist es, gegen den sich die Klage richtet. Bei anderen Rechtsverhältnissen wird durch den Beweis der Verletzung die Passivlegitimation begründet.

Für die Regelfälle also erschien die Sachlegitimation als Teil des Hauptbeweises; nur in manchen Fällen trat diese Seite der Beweisführung erheblicher in den Vordergrund:

1. nämlich, wenn der Kläger ein ihm ursprünglich fremdes Recht oder eine nicht in der Person des Beklagten entstandene Verbindlichkeit verfolgte (Fälle der Rechtsnachfolge, Universal und Singularsuccession),
2. wenn ein Rechtsverhältnis den Gegenstand des Prozesses bildete, das eine besondere Eigenschaft der Partei zur Voraussetzung hatte z. B. ein Familienverhältnis, Blutsverwandtschaft bei der hereditatis petitio,
3. wenn das Recht des Klägers oder die Verbindlichkeit des Beklagten mittelbar auf einem dinglichen Rechte beruhten, etwa Eigentum zur Servitutenklage.

Es handelt sich also durchweg um Fälle, in welchen das Recht des Klägers, bzw. die Verbindlichkeit des Beklagten im allgemeinen aus bestimmten Tatsachen bewiesen werden können; dagegen die Beziehung zu den bestimmten Personen, zum Kläger und Beklagten, durch besondere Beweismittel dargetan werden muß.

1. Entwickelung des Begriffs leg. ad. c.

a) Römische Quellen.

In seinem Ursprunge geht der Begriff der leg. ad. c. nicht in das römische Recht zurück. Es wurden nur ähnliche Institute des römischen Prozesses herangezogen, aus denen sich allmählich der Begriff entwickelt hat, so insbesondere der Beweis der Cession und die exceptio praeiudicii.

Der Cessionar hatte ursprünglich nur die Klage des Cedenten, die er als procurator in rem suam geltend machte; später wurde hieraus eine eigene Klage des Cessionars, als actio utilis. Bei Geltendmachung der ersteren hatte er nur zu beweisen, daß er Vollmacht dazu habe; letzteren Falls dagegen mußte er, zugleich mit dem Beweise der Schuld selbst, dartun, daß ihm die Schuld cediert sei, als Teil des Klagegrundes.

Andrerseits wurde die Lehre von den Präjudizien hier herangezogen. Ein Präjudiz ist gegeben, wenn von der nämlichen Tatsache der Ausgang zweier Klagen derart abhängt, daß der Richter in der einen Sache an die Entscheidung in der anderen gebunden ist.

In dieser Beziehung galten im römischen Prozesse folgende zwei Regeln.

1. Wenn dieselbe Frage in der einen Sache nur als quaestio incidens vorkommt, dagegen den ausschließlichen Inhalt der anderen ausmacht, soll die letztere zuerst untersucht und entschieden werden;
2. wenn dieselbe Frage den ausschließlichen Inhalt beider Sachen bedeutet, so soll die maior causa zuerst entschieden und dadurch der geringfügigeren präjudiziert werden.

Lag ein solcher Fall vor, so konnte der Beklagte gegenüber der abhängigen bzw. minderen Klage, durch Vorschützung der exceptio, ne praeiudicium fiat, verlangen, daß, was hier nur quaestio incidens war, ausgesondert und in dem anderen Prozesse zuvörderst untersucht wurde, bzw. daß die Entscheidung in dem anderen, die gleiche Frage streifenden Prozesse abgewartet wurde.

Es bestanden sohin wesentliche Unterschiede zwischen der praejudicialis exceptio und der Sachlegitimation: bei ersterer handelt es sich um einen zweiten Prozeß, bei letzterer nur um einen; durch die exc. praej. machte der Beklagte für sich einen Anspruch geltend; durch die Einrede der Sachlegitimation bestritt er ein Recht des Klägers.

b) Die Glossatoren und Kommentatoren.

Immerhin knüpfte an diese Begriffe des römischen Rechts die weitere Entwicklung an.

Durantis,[1] Bartolo, Baldus lehrten, daß über die Rechtsnachfolge, Erbschaft 2c. ein besonderer Beweis nicht zu führen sei, weil diese Punkte zum Klagegrund gehörten und vor der litiscontestatio kein Beweis zulässig sei, eine Tatsache, welche der Kommentator Andreae in die Worte kleidet: et per ibi scripta vides, quod legitimare causam suam quis non cogitur, ante litis contestationem.

Demgemäß entstand der Begriff legitimatio dahin, daß man sagte persona actoris esse non legitima, quoties aut exceptio praejudicialis aut non probatae cessionis obstaret; und umgekehrt hieß der Beweis dagegen legitimare personam suam.

---

[1]) Spec. iur. I. 2 d. actore n. 72—77; vergl. im übrigen Planck l. c § 7.

Damit brachte man in Verbindung die römisch rechtlichen Vorschriften über den Beweis der Prozeßfähigkeit und der Vollmacht der Vertreter; i. e. die exceptio deficientis legitimae personae, mit welcher der Beklagte diese Beweise vom Kläger forderte; insbesondere befaßt sich mit dieser Frage eine Abhandlung des Sebastian Vantius über die Nichtigkeit von Urteilen: soweit diese Einrede dilatorisch sei, müsse sie vor der litiscontestatio gebracht werden; soweit sie dagegen Nichtigkeit herbeiführe, könne sie im ganzen Verfahren gebracht werden.

Legitimation der Person hieß also der Beweis, qua quis demonstrasse se esse talem qualem se faciat. Maranta[1]) führte unter den Präjudizialpunkten, die, wie die Beispiele ergeben, die beabsichtigte Klage unterbrachen, bis der fragliche Punkt entschieden war, auch die exceptio deficientis legitimationis personae auf.

Einen weiteren Merkstein stellte die Lehre Ludwig Schrader's[2]) dar, daß der Cessionar vor allem seine Person legitimieren müsse, auch wenn er mit der actio utilis klage.

Dies fand auch in der Praxis Eingang und so kam es, daß, wer aus einem Schuldverhältnisse Klage erhob, das zwischen anderen Personen entstanden war, vor der litiscontestatio den Uebergang des Anspruchs auf sich beweisen mußte, um seine Person zu legitimieren; die Entwicklung führte darauf hin, den Legitimationspunkt in einem besonderen Verfahren zu erledigen.

Weniger deutlich verläuft die andere Quelle der nachmaligen Sachlegitimation, der Beweis der exceptio praejudicialis; die späteren Schriftsteller knüpfen hierin durchaus an den Satz des Bartolus an: quicunque admitti vult ut talis, debet ante probare, se esse talem.

c) Die deutschen Juristen.[3])

Die deutschen Juristen betrachteten die Frage von einem anderen Gesichtspunkte; sie sagten, wenn einer in fremdem Namen klagt, so greift die exceptio deficientis legitimationis ad causam ein in die exceptio non competentis actionis; nach l 16 § 12 D de neg. gest. wurde nämlich die Klage in iure abgewiesen, (actio) quam magistratus in iure non esse fundatam censeret, vel iam esse sublatam reo statim pro-

[1]) Maranta: spec. aur. de ord. iudic. part. VI membr. 9.
[2]) tractat feud. part. X. sect. 18 n 157—162.
[3]) cf. Planck l. c. § 10.

bante intellegeret herrschte darüber Streit zwischen den Parteien, dann wurde der formula diese exceptio beigefügt.

Die Kommentatoren sagten nun: die Personen im Prozeß müssen bestimmt sein; es geschieht dies durch die legitimatio personae. Unbestimmt sind sie aber dann, wenn einer klagt aus einem Recht, von dem ungewiß ist, ob es ihm zusteht; dies ist insbesondere dann der Fall, wenn einer aus einem Anspruch klagt, der eigentlich einem anderen zusteht.

Daraus wurde gefolgert, daß dieser exceptio ein doppelter Charakter inne wohne: bald sei sie dilatorisch, soweit Einrede der mangelnden Legitimation, bald peremtorisch, als Einrede der nicht zustehenden Klage.

So kam es, daß der legitimatio personae, die wie Scaccia[1]) lehrt, von dem erbracht werden muß, der unter fremden, wie unter dem eigenen Namen handelt, die besondere Bezeichnung legitimatio ad causam beigelegt wurde, ad causam in dem Sinne von in utilitatem propiam aufgefaßt, entsprechend procurator in rem suam.

Obwohl dieser Begriff nur die eine Seite der Sachlegitimation im heutigen Sinne umfaßte (cf. Ludovici[2]) § 30: Die Einrede der Sachlegitimation kann nicht entgegengesetzt werden, wenn einer nicht aus einem cedierten, sondern aus eigenem Rechte klagt), so wurde er doch auch auf den Beweis der Präjudicien bezogen, in dem Sinne: qua quaereretur de statu hominis, hinc omnino de omni qualitate personae.

Die Frage der Sachlegitimation wurde sohin in allen Fällen aufgeworfen, so oft in der Person dessen, der eine Klage zu eigenem Vorteil erhob, eine Eigenschaft in Zweifel gezogen wurde, deren Vorhandensein Klagvoraussetzung war.

Auf diese Weise war aber der Begriff Sachlegitimation so vage geworden, daß alle bestrittenen Behauptungen und Beweisanträge dort untergebracht werden konnten.

Dem gegenüber hat dann Carrach[3]) unseren Begriff dahin präcisiert: die Frage der Sachlegitimation ist diejenige Einrede, wodurch dem Hauptkläger der Mangel einer Eigenschaft entgegengehalten wird, die, ohne den Hauptklagegrund zu berühren, so geartet ist, daß davon, wie die Legitimation glaubhaft gemacht wird, das Recht abhängt, über die im Streit befindliche Hauptsache zu verhandeln.

[1]) Scacci a de iudic. I. 62 n. 24.
[2]) de legitim. a. c. Hal. 1712.
[3]) Carrach, diss. de vera indole legit. ad. c. H. 1737

2. Rechtliche Natur der Sachlegitimation.

Planck, das deutsche Gerichtsverfahren im Mittelalter S. 391 fg., führt aus: Der Beklagte kann geltend machen, Kläger sei nicht befugt, gegen ihn aufzutreten,

1. weil ihm das Recht vor Gericht zu stehen mangele;
2. nicht mit dieser Schuldigung, weil ihn der Gegenstand derselben nichts angehe, Kläger nicht berufen sei, das Unrecht, worüber er klagt, vor Gericht zu verfolgen.

Es führt dies zur Betrachtung der dem deutschen Prozesse eigentümlichen Einrichtung, wonach die Frage, ob ein Unrecht geschehen sei, nicht selten gesondert wird von der Frage, wer gerichtlich zur Verfolgung berufen sei oder wer dafür aufzukommen habe.

Die zweite Frage kann als Vorfrage vom Beklagten zum Gegenstand der Verhandlung gemacht und ihre Verneinung, der Mangel der jetzt sogenannten Aktiv- oder Passivlegitimation zur Sache, als Were der Antwort benutzt werden."

In diesem Sinne ist der Beweis der Sachlegitimation der Beweis der subjektiven Zuständigkeit des in Frage stehenden Rechts.

Denn wer einen Anspruch geltend macht, muß, wie schon eingangs erwähnt, beweisen

1. daß der Anspruch, objektiv betrachtet, wirklich entstanden ist,
2. daß und warum er gerade ihm und gerade gegen den bestimmten Verpflichteten entstanden ist.

Diese beiden Beweise hat man nun getrennt und den Beweis der ersten Art den objektiven Hauptbeweis, den zweiten den subjektiven Beweis oder die legitimatio ad causam genannt. Beide Beweise liegen aber der Klagspartei ob.

Da niemand ein Recht verfolgen kann, das ihm nicht zusteht, ist die Sachlegitimation in jedem Prozesse wesentlich. Allein in der Regel werden Legitimations- und Hauptbeweis gleichzeitig geführt, ja können gar nicht getrennt werden.

Vielmehr ist eine Trennung zwischen objektivem und subjektivem Beweise immer nur möglich, wenn der Ursprung des Rechts und die Beziehung der Partei zu demselben, auf verschiedenartige Gründe gestützt werden. Es sind dies im wesentlichen die drei Kategorieen:

1. die Fälle der Universal- und Singularsuccession;
2. Verfolgung eines Rechts, das nur unter der Voraussetzung einer persönlichen Eigenschaft zustehen kann;
3. Abhängigkeit eines Anspruchs von einem bedingenden Rechtsverhältnis.

Wenn demnach ein Erbe eine Klage aus einem Darlehen erhebt, gilt es den vom Erblasser abgeschlossenen Darlehensvertrag zu beweisen: vom Standpunkt der Trennung objektiver Hauptbeweis.

Ferner ist der Beweis zu erbringen, daß der Anspruch auf den als Kläger Auftretenden übergegangen sei, subjektiver Beweis, Sachlegitimation.

Allein mit der Durchführung dieses sogenannten Hauptbeweises ist nichts bewiesen, als daß irgend ein Recht aus einem Darlehensvertrag in der Person des Erblassers entstanden ist; es ist darum auch die Klage des Erben, die doch nur zwischen bestimmten Personen statthaben kann, nicht begründet, bevor nicht der Kläger beweist, daß für ihn und gegenüber diesem Beklagten der fragliche Anspruch zu Recht bestehe; letztere Punkte, den subjektiven Klagegrund, umfaßt der Beweis der Sachlegitimation. Daraus folgt aber, daß der subjektive und objektive Klagegrund so innig mit einander verknüpft sind, daß auch die Sachlegitimation Teil des Hauptbeweises sein muß.

Das gleiche gilt für die Cession; seitdem der Cessionar nicht mehr im Namen des Cedenten klagte, sondern aus eigenem Rechte, genügte zur Klagebegründung nicht mehr der Nachweis, daß zwischen anderen Personen die Forderung entstanden sei, sondern der Kläger hatte zu beweisen, daß ihm, als Cessionar ein eigenes Recht entstand, das über die Grenzen des Procurators hinausging.

Aehnlich verhält es sich z. B. mit der Beweislast für die actio confessoria zum Eigentum am herrschenden Grundstück; denn damit, daß feststeht, daß auf dem Grundstücke des Beklagten eine Servitut ruht, ist die Sache nicht erledigt; Kläger muß vielmehr noch beweisen, daß er Eigentümer bezw. sonstwie dinglich Berechtigter des herrschenden, der Beklagte des dienenden Grundstücks sei. Es gehört dies zur subjektiven Grundlage dieses Prozesses; der Beweis über das Eigentum am Grundstück bezieht sich als Aktiv- bezw. Passivlegitimation auf den Klagegrund selbst.

Wenn, wie es behauptet wurde, eine Trennung dieser beiden Beweisteile eintreten könnte oder müßte, müßte es auch einen Prozeß geben, in welchem noch unsicher ist, ob das in Streit befangene Recht den Streitsteilen zusteht. Allein dies ist ausgeschlossen; man kann daher von einer Trennung des Beweises nur in dem Umfange sprechen, daß einerseits das streitige Rechtsverhältnis selbst glaubhaft gemacht wird, andrerseits daß es zwischen den bestimmten Personen zur Entstehung gelangt sei, so aber, daß erst durch beide Beweisteile der Klagsanspruch voll und ganz bewiesen wird.

3. Prozessuale Bedeutung der Sachlegitimation.

Wie wir oben gezeigt haben, verstand man unter Sachlegitimation die subjektive Seite des Klagegrundes. Aber über die prozessuale Behandlung derselben im Verfahren gingen die Ansichten weit auseinander und mit Recht sagt deshalb Bayer[1]) (7. Aufl. S. 40): die Lehre von der Sachlegitimation hat ihre angebliche Wichtigkeit großenteils durch dem Umstand erhalten, daß man ihr Eigenschaften beilegte, die ihr entweder gar nicht zukamen, oder doch nicht als etwas besonderes erschienen.

So stellten sie die einen als allgemeine Vorbedingung hin, um als Kläger auftreten zu können, mit dem Charakter einer Prozeßvoraussetzung, und behandelten sie demnach als Prozeßeinrede, sogar als prozeßhindernde Einrede. Allein die Sachlegitimation ist rein materiell und bloß notwendig, um den Prozeß zu gewinnen, nicht aber um ihn anzufangen.

Andere zählten sie zu den Einreden im eigentlichen Sinne, wofür die Beweislast den Beklagten treffe, und nannten sie deshalb exceptio deficientis legitimationis ad causam, eine Bezeichnung, die allgemein in Praxis übergegangen ist. Allein auch diese Meinung ist irrig; denn wir haben es nicht mit einer eigentlichen Einrede sondern, mit einer Klageableugnung zu tun, welche nicht der Beklagte beweisen muß, sondern der gegenüber der Kläger darzutun hat, daß ihm das Recht zusteht, das und wie er es geltend macht.

Aus der oben entwickelten Entstehungsgeschichte erklärt es sich wohl ferner, wenn man die Einrede für eine präjudizielle hielt und glaubte, man müsse, wenigstens im Prozesse, das Verfahren darüber vom Hauptverfahren trennen.

Allein wie bereits erwähnt, es gehört die Frage zum Klagegrund; die Möglichkeit zu trennen besteht vielfach überhaupt nicht und ist, wenn gegeben, ins richterliche Ermessen gestellt, weil, wie Bethmann-Hollweg[2]) mit Recht betont, der Richter darnach trachten muß, möglichst rasch eine Entscheidung herbeizuführen; ist er der Ansicht, durch Behandlung der Legitimationsfrage die Sache spruchreif machen zu können, so steht natürlich der Vorwegnahme derselben nichts im Wege.

[1]) Vorträge über den gem. ord. Zivilpr.
[2]) Versuch über einzelne Teile d. Zivilpr. Berlin 1827.

Endlich galt die Einrede als privilegiert, insoferne sie bis zum Endurteil zulässiger Weise vorgebracht werden könne; auch dies ist als verfehlt anzusehen, nachdem im alten Prozesse die Einrede schon durch das Beweisinterlokut abgeschnitten wurde.

4. Wirkung des Mangels der Sachlegitimation.

a) Formeller Mangel derselben.

Wie die Behandlung im Prozesse demnach bestritten war, ebenso herrschte über die Folgen des Mangels Streit. Es wurde diesbezüglich von der herrschenden Lehre scharf getrennt zwischen dem formellen und materiellen Mangel.[1])

Formell fehlt die leg. a. c. nach Hollweg, wenn der Legitimationspunkt in der Klageschrift und während des Prozesses gar nicht oder unrichtig angeführt sei oder von dem Richter unbeachtet blieb. In diesem Falle fehle ein wesentliches Stück des Klagegrundes; der Beklagte könne diesen Mangel durch die Einrede exceptio libri inepti und der Richter von Amtswegen rügen; denn um dieser Unvollständigkeit willen seien Klage und Verfahren ungültig, daher sei die Rüge in jedem Punkte des Prozesses möglich.

Wenn während des ganzen Verfahrens der Legitimationspunkt nicht vorgebracht oder der Richter ohne Beweis darüber hinweggegangen sei, obwohl er nicht zugestanden war, im Urteil aber gleichwohl so erkannt worden sei, als wäre die Legitimation berichtigt, so halte er (B.-H.) das für einen so wesentlichen Formfehler, daß der ganze Prozeß und das Urteil nichtig sein müssen.

Die Nichtigkeit des Urteils sei auch darauf zu gründen, daß es contra ius in thesi sei, wenn der Richter dem Kläger ein Recht zuspreche, ohne auf den Legitimationspunkt, als wesentliche Bedingung desselben Rücksicht zu nehmen.

Demgegenüber führt Planck[2]) aus, nach den Grundsätzen des gemeinen Rechts erscheine nicht notwendig, daß alle Teile des Klagegrundes einzeln und ausdrücklich von den Parteien erwähnt, noch daß über alle vor entgültiger Entscheidung Beweis erbracht werde, sondern nur über die Punkte, die von den Parteien zum Gegenstande des Streites gemacht werden.

Dies gibt Hollweg damit selbst zu, daß er sagt, so oft von den Parteien stillschweigend angenommen wird, die legit. ad c. sei gegeben, sei das Verfahren wirksam. Eine solche

[1]) Hollweg l. c. p. 97 fg.
[2]) Planck l. c. p. 30.

Entscheidung kann nicht als contra ius in thesi gelten, weil es kein Gesetz gibt, welches vorschreibt, damit die äußere Form des Verfahrens nicht verletzt werde, müssen in der Klage alle Teile des Klagegrundes genannt und über alle Beweis geführt werden, bevor das Urteil wirksam genannt werden kann.

Ebenso wendet sich auch Linde[1]) gegen die Theorie von Bethmann-Hollweg; weil hier vorausgesetzt wird, daß der formelle Mangel nicht den materiellen zugleich in sich schließt, ist auch von keiner unheilbaren Nichtigkeit die Rede; sie kann weder aus dem römischen Rechte, das voraussetzt, daß in der Tat nicht unter den richtigen Parteien gestritten wurde, gefolgert, noch aus dem kanonischen oder Reichsrechte hergeleitet werden, die ausdrücklich sagen, daß auch von heilbarer Nichtigkeit nur die Rede sein kann, wenn die Nichtigkeit dergestalt befunden wird, daß dadurch ein unwiederbringliches Unrecht in der Hauptsache geschieht; ein Formfehler, der dies nicht zur Folge hat, soll im Recht nicht als Nichtigkeit behandelt werden, so auch der formelle Mangel der Sachlegitimation.

Damit kann die Frage des formellen Mangels der Sachlegitimation abgetan werden.

b) Materieller Mangel derselben.

Unter dem materiellen Mangel der Sachlegitimation versteht Bethmann-Hollweg[2]) den Fall, daß die Parteien wirklich der richtige Kläger und Beklagte nicht sind. Gehört der Legitimationspunkt zum Klagegrund, so ist er, wie andere Bedingungen der Klage, Gegenstand der Verhandlung vor dem Richter. Was aber zum Inhalt des Prozesses gehört, kann nicht Bedingung seiner Gültigkeit sein, also kann auch ein Mangel darin nicht seine Nichtigkeit bewirken.

Zeigt sich noch im Laufe des Prozesses dieser Mangel, so ist als Resultat dieses eben gültigen Verfahrens auszusprechen, daß diesem Kläger das behauptete Recht nicht zustehe.

Zeigt sich der Mangel erst nach der Entscheidung, so ist das Urteil um nichts weniger gültig; denn es ist, wenn das Recht des Klägers, die Verbindlichkeit des Beklagten ausgesprochen wurden, damit zugleich die Aktiv- und Passivlegitimation ausdrücklich oder stillschweigend anerkannt: von der praktischen Richtigkeit des Urteils kann seine formelle Gültigkeit nicht abhängen, wenn die res iudicata formelle Wahrheit begründen soll.

---

[1]) Zeitschr. f. Zivilr. u. Pr. III. 1830.
[2]) Hollweg l. c. p. 99 fg

Unseres Erachtens mit Unrecht bekämpft Linde[1]) diesen Standpunkt und nimmt unheilbare Nichtigkeit an, wenn die Parteien wirklich der richtige Kläger und Beklagte nicht sind. Das Wesen der unheilbaren Nichtigkeit bestehe eben darin, daß ein Urteil, wenn auch formell gültig und rechtskräftig, wegen seiner faktischen Ungültigkeit oder anderer Fehler in bestimmten Fällen, wo das Gesetz unheilbare Nichtigkeit anerkannt hat, auch hinterher als formell nichtig anerkannt werden kann. Das Gesetz konnte nur ausdrücken wollen, daß die unrechte Partei nicht an ein Urteil, welches sie als richtige Partei voraussetzt, gebunden sein soll, da es als nichtig angefochten werden könne. Die richtigen Parteien seien nicht daran gebunden, wegen des Grundsatzes res iudicata ius facit interpartes.

Letzteres ist zweifellos richtig. Fehlt die Aktivlegitimation materiell, so wurde ein Prozeß durchgeführt, für den der Kläger nicht ad causam legitimiert war, z. B. nicht Erbe oder Cessionar; dann ist das Urteil für den wahren Berechtigten eine res inter alios acta und sohin ohne verbindende Kraft; Erfüllung des Beklagten befreit ihn nicht gegenüber dem wahren Gläubiger.

In gleicher Weise wird bei Mangel der Passivlegitimation der wirkliche Schuldner durch Leistung des irrtümlich als Schuldner Verurteilten nicht befreit.

Dagegen war in früherer Zeit, wie Bolgiano[2]) ausführt, die Frage sehr bestritten, welchen Einfluß der materielle Mangel der Sachlegitimation auf den schwebenden Prozeß und die Streitsteile habe, sei es, daß das angeführte factum legitimationis unbegründet oder unwirksam ist oder den Kläger überhaupt nicht legitimiert: die älteren Rechtslehrer nahmen unheilbare Nichtigkeit des Urteils und Verfahrens an und einige neuere Schriftsteller sind ihnen gefolgt.

Schon lange hat sich aber die gegenteilige Ansicht Bahn gebrochen, daß bloß Mangel der Prozeßfähigkeit und der Prozeßlegitimation ein defectus in persona partium sei, und als solcher Nullität nach sich ziehe, nicht aber der Mangel der Sachlegitimation.

Zum Abschlusse dieses Teils sei zusammenfassend bemerkt:[3]) Man pflegte aktiven und passiven Klagegrund zu unterscheiden. Unter ersterem wurden die Tatsachen verstanden, welche das streitige Rechtsverhältnis und damit zugleich dessen mittelbare

---

[1]) Linde l. c. p. 291 fg.

[2]) Handbuch d. Reichszivilprozesses 1879.

[3]) cf. Wetzell System des ordentl. Zivilpr. III. Aufl. S. 155.

oder unmittelbare Beziehung auf die Person des Klägers begründeten, während die Person des Beklagten nicht immer schon durch das der Klage zu Grunde liegende Rechtsverhältnis, sondern häufig erst durch dessen Verletzung bestimmt wird.

Für den Beweis dessen, was aktiver und passiver Klagegrund genannt wurde, führten sich im Mittelalter die Ausdrücke legitimatio ad causam activa und passiva ein.

Man verband aber mit dieser Terminologie einen sehr erheblichen Irrtum; erstens wurde in manchen Fällen, besonders wenn es um Rechtsnachfolge oder Rechtsverhältnisse sich handelte, die ein dingliches Substrat oder eine persönliche Eigenschaft zur Voraussetzung hatten, die objektive Existenz des streitigen Rechts von seinen subjektiven Beziehungen gesondert, und der Beweis der leg. a. c. auf letztere beschränkt.

Ferner wurde der leg. a. c. in diesem Sinne dieselbe praktische Bedeutung beigelegt, wie der legit. ad processum: sie sollte die Gültigkeit des Verfahrens bedingen, sollte deshalb gleich bei Anstellung der Klage durch liquide Beweismittel erbracht werden und falls dies versäumt wäre, vom Richter sei es auf Antrag, sei es ex officio in jedem Stadium des Prozesses nachgefordert werden können.

Indessen hat man sich allgemein von der Unrichtigkeit dieser Auffassung überzeugt. Rechte, die bloß objektive Existenz haben, gibt es nicht und können Obligationen insbesondere weder ohne Berechtigten, noch ohne Verpflichteten gedacht werden.

Da nun die Klage, welche die Grundlage des Prozesses ist, ein obligationsähnliches Verhältnis ist, so muß sich aus ihrer Begründung notwendig ergeben, wer zu ihrer Anstellung berechtigt, wer der richtige Beklagte ist.

Somit sind die Tatsachen, auf welche sich in den genannten Fällen die leg. a. c. richten will, nichts anderes, als Teil des Klagegrundes und unterscheiden sich gerade dadurch wesentlich von der legitimatio ad processum.

B. Begriff der Sachlegitimation im geltenden Rechte.

1. Die herrschende Lehre.

Aus der bisherigen Betrachtung haben wir für die Sachlegitimation eine Grundlage dahin gewonnen, daß das gemeine Prozeßrecht darunter den Beweis der subjektiven Zuständigkeit des in Frage stehenden Rechtsverhältnisses verstand, daß im allgemeinen dieser Punkt keine abgesonderte Behandlung im Prozeß erfuhr, sondern daß die Frage nur in einigen, besonders gelagerten Fällen prozessuale Bedeutung gewann.

Zur Würdigung der gleichen Frage für das geltende Recht ist vorauszuschicken, daß sich der Begriff zwar in Theorie und Praxis vollständig eingebürgert hat, hauptsächlich aufgelöst in seine Bestandteile: Aktiv- und Passivlegitimation, daß sich aber in den Gesetzen keine Definition und keine Anwendung dieser Terminologie findet. Wir sind dadurch vollständig auf die Untersuchung angewiesen, um eine Begriffsbestimmung abzuleiten.

Zu diesem Zwecke dürfte es angebracht sein, die Begriffsbestimmungen zusammenzustellen, welche sich im wesentlichen bei Kommentatoren der Z.P.O. und sonst in der Literatur finden, um so zu sagen das Operationsfeld vorgeführt zu erhalten.

Planck, im Lehrbuche des Zivilpr.[1]) führt an: Das Vorhandensein der Befugnis über das jetzt in Frage stehende Streitobjekt zu „verfügen", ist keine Frage der Prozeßfähigkeit, sondern der Sachlegitimation, i. e. der Nachweis, daß der die streitige Leistung jetzt vor Gericht Fordernde in der Tat der dazu Berechtigte, bezw. der, von dem er sie fordert der dazu Verpflichtete sei, in allen ihren Anwendungen nur eine Seite, nämlich die subjektive, des im Rechtsstreite selbst zu prüfenden Rechtsverhältnisses; dabei ist für den Begriff ziemlich gleichgültig, worin der angebliche Mangel jener Berechtigung bezw. Verpflichtung bestehen soll: ob niemals erworben, später verloren oder z. B. nicht geltend zu machen.

Petersen-Anger[2]): Sachlegitimation ist gegeben, wenn eine Partei in einem bestimmten Prozesse der richtige Kläger oder Beklagte ist; sie fehlt, wenn nicht dem als Kläger Aufgetretenen, sondern einem Dritten der Anspruch zusteht, oder der Anspruch gegen eine andere Person gerichtet werden muß; von Sachlegitimation kann demnach nur die Rede sein, insoweit es sich um die Partei selbst, nicht soweit es sich um gesetzliche Vertreter handelt.

Gaupp-Stein[3]): Sachlegitimation ist die aus dem Rechte am Streitgegenstand fließende Befugnis, über denselben als Berechtigter oder Verpflichteter zu verfügen, die subjektive Seite des im Rechtsstreite festzustellenden Rechtsverhältnisses selbst.

Seuffert[4]) Sachlegitimation ist eine Beziehung zwischen

---

[1]) Planck, Lehrbuch d. D. Zivilprozeßrechts I. Bd. § 44 fg.

[2]) Petersen-Anger, die Z.P.O. für das Deutsche Reich. 5. Aufl. Vormbkg. § 50 fg.

[3]) Gaupp-Stein, Kommentar zur Z.P.O. 5. Aufl. Vorbem. zu § 50 fg.

[4]) Seuffert, Kommentar zur Z.P.O. 5. Aufl. Anm. 7 zu § 52.

Person und Streitgegenstand; wer zur Sache legitimiert ist, ergibt sich aus dem materiellen Rechte.

Stegemann[1]) (Busch XVII): Sachlegitimation ist Dispositionsbefugnis.

Petersen[2]) (Busch XVIII): vom Fehlen der Sachlegitimation kann man nur sprechen, wenn eine bestimmte, als Partei aufgetretene Person nicht der richtige Kläger oder Beklagte ist.

Schließlich noch Hellwig in Klagerecht und Klageanspruch: Aktiv- bzw. Passivlegitimation ist die Frage, ob ein Recht für jemand zusteht, gegen jemand begründet ist; ferner wenn ein Recht mehreren gemeinschaftlich ist, von bzw. gegen wen es geltend zu machen, schließlich auch die Rechtsstellung des Berechtigten bei Mangel des Verfügungsrechts infolge Veräußerverbots oder wenn ein Dritter im eigenen oder gemeinsamen Interesse Dritter befugt ist, eigenen Namens das Recht des Berechtigten auszuüben oder den Verpflichteten zu vertreten.

Dagegen beschränkt der gleiche Autor in seinem Prozeßlehrbuch den Begriff auf Rechtszuständigkeit.[3])

Im wesentlichen finden sich also diese Definitionen in subjektiver Rechtszuständigkeit oder Verfügungsbefugnis zusammen.

Ehe wir nun unsere Aufgabe, die genauere Betrachtung des Begriffs der Sachlegitimation, weiter verfolgen, scheint es uns am Platze zu sein und wesentlich zur Klarheit der Situation beizutragen, zwei mit dem Begriffe Sachlegitimation enge verknüpfte, rein prozessuale Begriffe einer kurzen Prüfung zu unterziehen: nämlich den Parteibegriff und die Prozeßfähigkeit; ersteren deshalb, weil eben, wie wir sehen werden, die Sachlegitimation eine der Partei des Prozesses innewohnende Eigenschaft sein muß; die Partei muß zur Sache legitimiert sein. Letzteren Begriff, die Prozeßfähigkeit heranzuziehen, erscheint um deswillen notwendig, weil in der Literatur sehr häufig Sachlegitimation als Dispositionsbefugnis, Prozeßfähigkeit als Dispositionsfähigkeit einander gegenüber gestellt, wenn nicht mit einander verwechselt werden.

---

[1]) Stegemann: die Parteien im Prozeß, Zeitschr. f. Ziv.-Proz. Bd. XVII S. 326 fg.

[2]) Petersen: Parteibegriff u. Prozeßfähigkeit Zeitschr. f. Z.-P. XVIII S. 1 fg.

[3]) Während der Bearbeitung erschienen: Jaeger, Kommentar z. KO., II. Aufl. § 5 Anm. 24: Sachlegitimation ist die auf einem, wenn auch nur einem begrenzten Rechte am Streitgegenstande beruhende Befugnis über den Streitgegenstand als Kläger oder Beklagter zu prozessieren.

2. Parteibegriff.

Unter dem gemeinen Prozeßrecht und noch lange Zeit unter der Herrschaft der Z.P.O. galt als feststehend: Parteien sind die Subjekte des im Streite befindlichen Rechtsverhältnisses. Es wurden Parteien mit selbstischen Interessen für allein angängig angesehen.

Nun zeigte aber die Praxis eine Anzahl Fälle, in welchen der im Prozeß als Partei Auftretende an dem im Streite befindlichen Rechtsverhältnisse in anderer Weise beteiligt war, denn als Subjekt, z. B. der Nießbraucher, der Ehemann, der Vater, der Pfändungspfandgläubiger u. a.

Um diesen Anforderungen gerecht zu werden, wurden die verschiedensten Wege eingeschlagen.

Kohler[1]) schuf für diese Verhältnisse den Begriff „Prozeßstandschaft" i. e. ein zivilistisches Verhältnis der einen Person zum Zivilrecht der anderen, kraft welchen Verhältnisses es der einen Personen zusteht, einen Prozeß zu führen, dessen zivilistische Folgen auf die andere fallen.

Wach[2]) unterscheidet dagegen den materiellen Parteibegriff, wonach Partei das Subjekt ist, in dessen Namen und für dessen Rechnung der Prozeß geführt wird, von dem formellen Parteibegriff, welchem wesentlich ist die Eigenschaft der Person, Personenmehrheit oder Vermögensmasse als solcher, in eigenem Namen klagen oder verklagt werden zu können.

Ihm, dem formellen Parteibegriffe, komme eine selbstständige Bedeutung insoferne zu, als er Erscheinungen decke, welche nicht Parteifähigkeit im materiellen Sinne haben. Motive und herrschende Lehre gingen weiter, und identifizierten die formell parteifähige Personenmehrheit und die juristische Person in prozessualer Hinsicht, und fänden in dem formalen Parteibegriff den Parteibegriff schlechthin; damit werde Begriffsverwirrung geschaffen und die unlöslichen Beziehungen des Parteibegriffs und der Rechtssubjektivität zerstört.

Dagegen polemisiert Oetker[3]) folgendermaßen: Betrachtet man mit Wach als Partei die aktiven und passiven Subjekte der res in iudicium deducta, so muß im Konkursverwalter der gesetzliche Vertreter des Gemeinschuldners gesehen werden; aber das Vertretungsverhältnis ist beschränkt auf die Sollmasse; nun ist die Legitimation des gesetzlichen Vertreters von Amts-

---

[1]) Kohler: der Dispositionsnießbrauch, Jahrbücher für Dogmatik XXVI 319 und gesammelte Beiträge.

[2]) Wach, Handbuch des deutschen Zivilprozesses; S. 518 fg.

[3]) Oetker: konkursrechtliche Grundbegriffe S. 314 fg.

wegen zu prüfen und auch prozeßhindernde Einrede, auf die der Beklagte die Verhandlung zur Sache verweigern kann; somit würde die Entscheidung der Frage, die im Prozesse steht, zur präjudizierenden Vorfrage.

Dadurch ist, führt Oetker aus, die Unrichtigkeit des Ausgangspunktes nachgewiesen; Parteien sind nicht bloß die Subjekte der res in iudicium deducta, sondern rem in iudicium deducens und is contra quem deducitur.

Gegen diese Argumentation bezüglich des Konkursverwalters wendet Petersen[1]) und E. mit Recht ein, Oetker übersehe hierbei, daß es bei der Frage, ob jemand befugt ist, als Vertreter eines anderen aufzutreten, nicht darauf ankommt, ob der geltend gemachte Anspruch bzw. die erhobene Klage schließlich als begründet erkannt wird, sondern nur darauf, welchen Inhalt der Anspruch hat, welcher Zweck durch die Klage erreicht werden soll. Es muß nur feststehen, daß der streitige Gegenstand, sofern er Eigentum des Gemeinschuldners ist, zur Konkursmasse gehört.

Der von Oetker, im gleichen Sinne wie oben, im juristischen Litteraturblatt II S. 88 aufgestellte Parteibegriff ist von Stegemann: die Parteien im Prozesse (Busch XVII 326 fg.) weiter ausgebaut worden und liegt insbesondere dem Kommentar zur Z.P.O. von Gaupp-Stein (Vorbemerkung § 50) zugrunde.

Die Richtigkeit oder Unrichtigkeit eines aufgestellten Parteibegriffes kann sich unseres Erachtens nur darin erweisen, ob und inwieweit die in dem geltenden Gesetze, der Z.P.O., über die Partei aufgestellten Sätze mit diesem Begriff vereinbar sind.

Handelt es sich doch darum, den Parteibegriff festzustellen, der dem geltenden Rechte zugrunde liegt! Es muß sich daher zweifellos der Parteibegriff den Rechtssätzen anpassen und gilt es nicht umgekehrt, einen Begriff aufzustellen und dann die Bestimmungen der Z.P.O. hineinzuzwängen bzw. die, für welche er nicht paßt, auszuschließen.

Deshalb richtet sich, unserer Meinung nach, Oetkers Begriff damit von selbst, daß er zugeben muß, mit dem Amte ist niemand verwandt oder verschwägert; von einer Verweigerung des Zeugnisses mit Rücksicht auf den Verwalter kann nicht die Rede sein. Die Bestimmungen der Z.P.O. sind unverkennbar zu ihrem wesentlichen Teile auf Parteien mit selbstischem Interesse zugeschnitten.

[1]) Petersen: Beiträge zur juristischen Konstruktion der Konkursrechtsverhältnisse; Busch IX S. 1 fg., 42 fg.

Wenn § 239 Z.P.O. bestimmt, mit dem Tode einer Partei tritt eine Unterbrechung des Verfahrens ein bis zur Aufnahme durch den Rechtsnachfolger, so ergibt sich ohne weiteres, daß dies auf den Konkursverwalter, als Partei, nicht paßt. Gaupp-Stein will deshalb den § 241 Z.P.O. hier für analog anwendbar angesehen haben.

Näher liegt es u. E. zu sagen, er ist eben nicht Partei, wenn die Sätze der Z.P.O. nicht auf ihn passen, die von der Partei handeln.

Ebenso muß Stegemann (l. c.) erklären: es ist klar, daß hinsichtlich der materiellen Wirkungen überall die Z.P.O. von der Voraussetzung ausgeht, daß die Parteien mit den Subjekten der res in iudicium deducta identisch sind; man wird diesen Satz unter Zugrundelegung unseres Parteibegriffs dahin modifizieren müssen, daß diese Wirkungen die Subjekte der res i. i. d. treffen.

Dieser Parteibegriff ist nach Bunsen[1]) Ausfluß des höheren Prinzips, daß die subjektiven Beziehungen des Prozeßrechtsverhältnisses von denen des materiellen Anspruchsverhältnisses unabhängig sind, der Art, daß die zivilistischen Wirkungen nunmehr die Anspruchssubjekte, die prozessualen Wirkungen dagegen die Subjekte des Prozeßverhältnisses treffen.

Diese Trennung in zivilistische und prozessuale Wirkungen des Parteibegriffs scheint uns nicht nur im Gesetz nirgend begründet, sondern auch gerade durch den Begriff der Sachlegitimation, als Eigenschaft der Partei in concreto, widerlegt zu sein, durch einen Begriff, der eben die Verbindung herstellt zwischen dem formalen Recht, als Kläger aufzutreten und dem materiellen Recht, dem zugrunde liegenden Rechtsverhältnis.

Der Parteibegriff hat bekanntlich praktische Bedeutung für Rechtshängigkeit und Rechtskraft; auf vermögensrechtlichem Gebiete für Sicherheitsleistung und Tragung der Kosten; dann mit Bezug auf Ablehnungsgründe, Zeugnisverweigerungsrecht zc.; es steht z. B. außer Zweifel, daß der Verwalter eines Vermögens für die Kosten eines in dieser Eigenschaft geführten Prozesses nicht persönlich haften kann.

Deshalb stehen wir nicht an, dem erweiterten Parteibegriffe uns anzuschließen, wie ihn etwa Petersen[2]) aufstellt:

[1]) Bunsen: die Parteien im Zivilprozeß: Busch XXVI 197 fg.
[2]) Petersen l. c. Busch XVIII.

Partei ist derjenige, der in eigenem Namen selbst oder durch Vermittlung anderer, ihn vertretender Personen einen Prozeß führt.

Nicht als Partei, sondern als gesetzliche Vertreter sind anzusehen, diejenigen, welche nicht im eigenen Interesse, sondern zufolge gesetzlicher Ermächtigung oder zustehender Amtsbefugnis aus der damit zusammenhängenden Verpflichtung einen Prozeß führen. Die Parteieigenschaft kommt in keinem Falle solchen Personen zu, welche nicht in eigenem Namen handeln, und nicht ihre, sondern lediglich die Interessen anderer vertreten.

In diesem Sinne sagt auch Richard Schmidt[1]): Eine Person, die klagt oder verklagt wird, aber unter Umständen, unter denen die rechtlichen Vorteile oder Nachteile des Prozesses nicht sie in ihren individuellen Vermögensbeziehungen treffen, sondern das Vermögen eines anderen, ist nie Partei, sondern Stellvertreter der Partei und so nicht nur da, wo die Prozeß betreibende Person ausdrücklich auf den Namen eines andern klagt, sondern auch da, wo der Prozeß anscheinend auf ihren Namen eingeleitet wird, aber ihre Person nur in den besonderen Eigenschaften in Mitleidenschaft gezogen wird.

Die Eigentümlichkeit dieser letzteren Fälle liegt darin, daß die Partei hier nicht individuell persönlich, sondern durch Beziehung zu einem individuellen Vermögenskreis bestimmt wird.

Prozeßfähigkeit.

Ein weiterer, zur Sachlegitimation in Beziehung stehender Begriff ist der der Prozeßfähigkeit i. e. legitima persona standi in iudicio, er bezeichnet sohin die Fähigkeit einer Person, vor Gericht zu stehen, womit gesagt sein soll, einen Prozeß selbst, in Person, zu führen oder durch einen anderen, selbst gewählten Bevollmächtigten führen zu lassen bzw. die Fähigkeit, andere vor Gericht zu vertreten.

Bezüglich dieses Begriffes sind wir nicht auf reine wissenschaftliche Abstraktion aus anderen Bestimmungen angewiesen, sondern wir haben hierfür in dem § 51 Z.P.O. eine ausdrückliche Bestimmung, die uns auf das materielle Recht verweist; § 52 Abs. 1 Z.P.O. dagegen stellt den Satz auf, eine Person ist insoweit prozeßfähig, als sie sich durch Verträge verpflichten kann.

---

[1]) Schmidt, Lehrbuch des deutschen Prozeßrechts Seite 146.

Damit haben wir einen Hinweis, daß die Prozeßfähigkeit sich nicht auf der Handlungsfähigkeit im allgemeinen aufbaut. Handlungsfähigkeit aber ist nach Windscheid (I, § 71) die Fähigkeit durch Willenserklärungen diejenige, rechtliche Wirkung zu erzeugen, auf deren Hervorbringung die Willenserklärung gerichtet ist; Dernburg (I, 107) definiert als handlungsfähig, wessen Wollen und Wissen rechtlich beachtet werden; man unterscheidet Geschäftsfähigkeit, d. h. Fähigkeit zum Abschlusse von Rechtsgeschäften, und Deliktsfähigkeit.

Die Geschäftsfähigkeit, die Fähigkeit sich durch Verträge zu verpflichten, ist es, an welche die Z.P.O. für den Begriff der Prozeßfähigkeit anknüpft; soweit sich jemand unbeschränkt durch Verträge verpflichten kann, ist auch unbeschränkte Geschäftsfähigkeit gegeben und damit volle Prozeßfähigkeit.

Soweit dagegen erstere Fähigkeit beschränkt ist und zwar beschränkt auf Geschäfte gewisser Art, (wie B.G.B. § 112, 113) ist nur beschränkte Geschäftsfähigkeit und in diesem Umfange auch nur Prozeßfähigkeit verliehen; man ist dadurch eben für die Geschäfte auch unbeschränkt prozeßfähig, die man selbständig eingehen „kann" (ohne Rücksicht darauf, ob man sie wirklich allein geschlossen hat).

Häufig wird nun in der Literatur der Unterschied zwischen Prozeßfähigkeit und Sachlegitimation dahin präzisiert, daß erstere Verfügungsfähigkeit, letztere Verfügungsbefugnis bedeute.

Verfügungsfähigkeit liegt aber dann vor, wenn durch die Willenserklärungen unmittelbar eine Veränderung der Vermögensrechte bewirkt wird; sie ist eine Seite der Handlungsfähigkeit, nämlich die Fähigkeit, einer Person über ihr Vermögen durch Veräußerung oder Eingehung von Verpflichtungen zu verfügen. Prozeßfähigkeit scheint uns aber mehr zu umfassen als Verfügungsfähigkeit; denn, wie erwähnt, gründet sich die Prozeßfähigkeit auf dem materiell rechtlichen Begriffe Geschäftsfähigkeit. Geschäftsfähig sein heißt aber nicht nur über einen Gegenstand verfügen können, sondern sich verpflichten können; daß „verfügen" und „sich verpflichten" können nicht identisch sind, ist aber, vor allem vom Standpunkte des B.G.B. aus, unzweifelhaft; denn dieses betont z. B. im ehelichen Güterrecht diesen Unterschied sehr stark, wenn die Ehefrau beim gesetzlichen Güterstande unbeschränkt sich verpflichten, dagegen ohne Zustimmung nur sehr beschränkt verfügen kann; trotzdem ist sie unbeschränkt prozeßfähig, wie § 52 Abs. 2 Z.P.O. ausdrücklich, übrigens für das B.G.B. unnötigerweise hervorhebt.

Deshalb dürfte Verfügungsfähigkeit nicht geeignet sein, den Begriff Prozeßfähigkeit zu umschreiben und halten wir „Verpflichtungsfähigkeit", richtiger sogar „Vertragsverpflichtungsfähigkeit" für die treffendere Worterklärung.

Diese Fähigkeit, sich durch Verträge zu verpflichten, Rechtsgeschäfte wirksam abzuschließen, ist vom Gesetze an so augenfällige Eigenschaften geknüpft, daß der Mangel derselben von Amtswegen beachtet werden kann und muß und die Einwendung dieses Mangels als prozeßhindernde Einrede, die Einlassung zur Hauptsache unnötig macht; denn der vollständige Mangel der Prozeßfähigkeit: bei juristischen Personen, Kindern unter 7 Jahren, wegen Geisteskrankheit Entmündigten und wenn nach § 104 Abs. 2 B.G.B. die freie Willensbestimmung ausgeschlossen ist, beruht auf solchen Mängeln der Person und Umständen, die sich ohne nähere Prüfung der Sache selbst vom Richter feststellen lassen; desgleichen aber auch die Merkmale, welche Prozeßunfähigkeit als Begleiterscheinung beschränkter Geschäftsfähigkeit zur Folge haben, nämlich Minderjährigkeit, Entmündigung wegen Geistesschwäche, Verschwendung oder Trunksucht, oder wenn jemand nach § 1906 B.G.B. unter vorläufiger Vormundschaft steht.

4. Relative Prozeßunfähigkeit.

Während insoweit über den Kreis der prozeßunfähigen Personen kein Streit sein kann, besteht eine große Meinungsverschiedenheit darin, ob eine Person nur dann prozeßunfähig ist, wenn einer oben genannter Fälle vorliegt, oder ob die Bestimmungen des B.G.B., welche eine gesetzliche Vertretung vorschreiben, auch in anderen Verhältnissen, insbesondere darin ihren Grund haben können, daß einer Person die Vermögensverwaltung entzogen ist.

Man kann die Frage auch so stellen, ob in den Fällen, in welchen eine Person mit Wirksamkeit für eine andere im Prozeß auftritt, also eine Vertretung, und insoweit sie unmittelbar im Gesetze begründet ist, eine gesetzliche Vertretung stattfindet, ob hier immer Prozeßunfähigkeit des Vertretenen vorausgesetzt wird oder ob auch Vertretung prozeßfähiger Parteien denkbar ist?

Insbesondere tritt diese Frage bei Betrachtung der Stellung des Gemeinschuldners gegenüber dem Konkursverwalter in den Vordergrund. Obwohl wir im Bezug auf den Gegenstand dieser Abhandlung im weiteren Verlaufe noch auf dieses Verhältnis zu sprechen kommen werden, scheint es doch angebracht, den fraglichen Punkt vorwegzunehmen und in diesem Zusammenhange kurz zu erörtern.

Um einen, aus der großen Zahl der übereinstimmenden Autoren, sprechen zu lassen, sagt Petersen (Busch IX 61 fg.): „Allerdings ist der Gemeinschuldner, auch soweit es sich um die Konkursmasse handelt, nicht als handlungsunfähig anzusehen; es fehlt ihm sonach im allgemeinen nicht die Prozeßfähigkeit; aber sie fehlt dem Gemeinschuldner doch, soweit es sich um Masse betreffende Prozesse handelt und kann der Verwalter nur als gesetzlicher Vertreter im Sinne der Z.P.O. (also eines Prozeßunfähigen) angesehen werden."

Daß dem Gemeinschuldner die Geschäftsfähigkeit im allgemeinen fehlt, wird von keiner Seite behauptet; es ergibt sich das Gegenteil auch direkt aus den gesetzlichen Bestimmungen, wonach der Gemeinschuldner

1. über sein sog. freies Vermögen disponieren darf,
2. Rechtsgeschäfte nicht vermögensrechtlichen Inhalts vornehmen kann und
3. Prozesse über Masseobjekte selbst fortführen kann, insoweit sie vom Verwalter nach § 10 K.O. nicht aufgenommen werden.

Verpflichten kann sich der Gemeinschuldner aber unbeschränkt, auch bezüglich der Masse; denn seine Verpflichtungsfähigkeit, wie seine Verpflichtungsbefugnis ist nirgends eingeschränkt. Fragen kann sich u. E. nur, inwieweit er diesen Verpflichtungen durch Erfüllung derselben nachkommen kann? Aber damit, daß die Erfüllung einer Verpflichtung von Anfang an ausgeschlossen oder doch höchst unwahrscheinlich ist (der Konkurs kann ja aufgehoben oder eingestellt werden; Möglichkeit eines Zwangsvergleichs), ist noch nicht gesagt, daß sie nicht gültig abgeschlossen sei, daß sie nicht für den Fall der Unmöglichkeit tatsächlicher Erfüllung nach § 325 B.G.B. eine Interessenforderung seitens des Mitkontrahenten begründe.

§ 7 K.O., der für diese Frage als sedes materiae gelten muß, spricht von Rechtshandlungen, also einem viel weiteren Begriffe, als verfügen oder sich verpflichten, (denn Rechtshandlung umfaßt alle Willensbetätigungen, mit denen die Rechtsordnung rechtliche Folgen verknüpft), und erklärt dieselben auch nicht etwa allgemein für nichtig, sondern nur gegenüber Konkursgläubigern für unwirksam.

Damit ist aber u. E. zweifellos implicite gesagt, daß die Rechtshandlung Nichtkonkursgläubigern gegenüber, vor allen anderen also unter den Kontrahenten, vollkommen wirksam ist, dazu kommt noch die Vorschrift des Abs. 2 Satz 2 bezüglich des Schutzes des guten Glaubens von Grundbuchrechten. In diesen Fällen ist sogar den Konkursgläubigern gegenüber die Rechtshandlung vorbehaltlich des § 42 K.O. wirksam; dies wäre doch eine ganz abnorme Wirkung des guten Glaubens, wenn er die Handlung eines Prozeß- und insoweit Geschäftsunfähigen resp. Geschäftsbeschränkten wirksam zu machen vermöchte.

Betrachten wir doch dem gegenüber die Rechtslage der wirklich Prozeßunfähigen.

Die Prozeßunfähigkeit [1]) kann sich, wie wir oben sahen, auf Geschäftsunfähigkeit stützen; dann sind die trotz derselben vorgenommenen Rechtshandlungen nichtig gemäß § 105 Abs. 1 B.G.B., oder aber sie gründet sich auf Geschäftsbeschränktheit; dann sind die Wirkungen der Rechtshandlungen in suspenso, bis der gesetzliche Vertreter die Genehmigung erteilt; bis dahin aber ist, von gewissen Ausnahmen abgesehen, keiner der beiden Teile gebunden.

Unter keine dieser beiden Kategorien ist u. E. der Kridar zu subsumieren.

Als dritte Möglichkeit kommt noch in Frage die beschränkte Prozeßfähigkeit nach § 52 Abs. 1 Z.P.O., insoweit jemand sich durch Verträge verpflichten kann.

Die Motive S. 74 bemerken hierzu: Darnach ist eine Person, welche sich nur ausnahmsweise verpflichten kann, sei es durch Verträge gewisser Art oder unter gewissen Voraussetzungen, nur für diejenigen Rechtsstreitigkeiten prozeßfähig, welche aus solchen Verträgen entstanden sind.

Zweifellos ist hierunter keine Ausnahme von der Geschäftsfähigkeit, sondern eine Ausnahme von der Geschäftsbeschränktheit gewollt. Es handelt sich eben darum, daß eine Person, wie ein Minderjähriger zwar im allgemeinen geschäftsbeschränkt und damit prozeßunfähig bleibt; allein es werden zu Gunsten einzelner Arten von Verträgen Ausnahmen gemacht, insbesondere entsprechend §§ 112 und 113 B.G.B.; für diese, insoweit sich der Minderjährige durch Verträge selbständig verpflichten kann, ist er dann auch prozeßfähig.

Allein dies ist nicht die Lage des Gemeinschuldners; denn erstens kann sich dieser unbeschränkt verpflichten; jeder Vertrag, den der Gemeinschuldner schließt, ist, insoweit nicht die allgemeinen Grundsätze im Wege stehen, an sich, d. h. zu-

[1]) cf. R.G.E. Bd. 52 S. 224.

nächst inter partes, gültig. Aber wenn man zweitens auch an Verfügungen denkt, kann in unserem Falle es sich nicht um eine Ausnahme von der allgemeiuen Prozeßunfähigkeit, sondern umgekehrt, da ein verpflichtungsfähiger und somit prozeßfähiger Mensch in Frage steht, nur um eine Ausnahme von allgemeiner Prozeßfähigkeit handeln.

Für den Satz, daß jemand im allgemeinen prozeßfähig sei, diese Eigenschaft aber für eine bestimmte Vermögensmasse, über die ihm die Verfügungsbefugnis fehlt, suspendiert wird, dafür fehlt unseres Erachtens jeder Anhaltspunkt im Gesetz, daß § 52 Abs. 1 Z.P.O. diesen Fall nicht im Auge hatte, scheint uns nach den Motiven sicher, daß er auch darauf anwendbar sei, zweifelhaft zu sein.

Nach alle dem finden wir für eine Prozeßunfähigkeit des Gemeinschuldners keinen Raum.

Trotzdem stehen wir, wie unten zu begründen sein wird, auf dem Standpunkte, daß der Konkursverwalter den Gemeinschuldner vertritt, und betrachten demnach diesen, wie im analog gelagerten Falle dem Erben gegenüber Testamentsvollstrecker, Nachlaßverwalter u. s. w. als gesetzliche Vertreter prozeßfähiger Personen.

Es mag zugegeben werden, daß in der Z.P.O., in dem Zusammenhange, in welchem im § 51 der Begriff „gesetzliche Vertreter" zum ersten Male gebraucht ist und in den übrigen Fällen nur an die gesetzlichen Vertreter Prozeßunfähiger gedacht ist.

Aber damit sind gesetzliche Vertreter prozeßfähiger Personen noch nicht ausgeschlossen.

Gesetzlicher Vertreter, schreibt Wach (l. c.), ist derjenige, welcher seinen Titel nicht findet in einer Willenserklärung des Vertretenen, sondern unmittelbar in dem Gesetze bezw. der Willensäußerung des das Gesetz ausführenden Organs.

Grund und Zweck einer solchen Vertretung kann ein sehr verschiedener sein. Man muß daher unterscheiden die gesetzliche Vertretung prozeßunfähiger und prozeßfähiger Personen.

Die gesetzliche Vertretung prozeßunfähiger Personen ist eine notwendige, als Ergänzung ihrer Handlungsunfähigkeit, an sie denkt vorzüglich die Z.P.O., wenn sie von gesetzlicher Vertretung spricht.

Die gesetzliche Vertretung prozeßfähiger Personen ist zu trennen in eine unabwendbare und durch Willensakt abwendbare Vertretung; die erstere ist eine notwendige, im eigentlichen Sinne, aber eigenartig dadurch, daß sie nicht einen Handlungsunfähigen repräsentiert.

Die gesetzliche, aber abwendbare, also nicht notwendige Vertretung prozeßfähiger Personen kommt vor zwischen Mitgliedern der offenen Handelsgesellschaften.

II. Die Sachlegitimation im allgemeinen.

1. Definition.

An sich kann als Kläger persönlich ein jeder auftreten, der parteifähig ist, d. h. Subjekt von Rechten sein kann, und die Prozeßfähigkeit besitzt, dem keine solchen persönlichen Mängel anhaften, daß er eines gesetzlichen Vertreters bedürfte, um überhaupt in einem Prozesse wirksame Handlungen vorzunehmen.

Bei der Frage nach der Sachlegitimation handelt es sich deshalb auch nicht um die allgemeinen Gesichtspunkte, die zum Auftreten als Kläger oder Beklagter ermächtigen; vielmehr kommen hier die besonderen Gesichtspunkte des einzelnen Falles in Betracht, die für den als Kläger oder Beklagten in concreto Auftretenden die Aussicht oder Möglichkeit eröffnen, im vorliegenden Prozesse ein obsiegendes Urteil zu erwirken.

Schon der gemeine Prozeß hatte für den Legitimationspunkt, wie wir gesehen haben, die Frage, wer ist der richtige Kläger oder Beklagte und behandelte ihn als subjektive Seite des Klagegrundes.

Auch heute erscheint diese Fragestellung im Gegensatze zu den oben erwähnten prozessualen Begriffen als der richtige Ausgangspunkt; denn es ist geradezu selbstverständlich, daß nach Erledigung der Prozeßvoraussetzungen, des rein formellen Teils, die Frage nach der Person des Klägers bezw. des Beklagten in den Vordergrund tritt.

Wir haben nun zu untersuchen, nach welcher Richtung diese Bezeichnung des Klägers „als richtig" zu suchen ist; was heißt es, der richtige Kläger, der richtige Beklagte sein.

Wie aus dem schon angedeuteten Gegensatze zu den Prozeßvoraussetzungen sich ergibt, glauben wir einschieben zu dürfen, wer ist für den vorliegenden Fall richtiger Kläger bezw. Beklagter.

Der Ausdruck „richtiger" Kläger entspricht aber, wohl nach Gebrauch, wie Inhalt, dem Wort „berechtigt", mit welchem er ja auch sprachlich nahe verwandt ist; dann lautete die Fragestellung: wer ist im vorliegenden Falle berechtigter Kläger oder Beklagter i. e. wer hat ein Recht, als Kläger bezw. Beklagter im vorliegenden Falle aufzutreten?

Daß dies die Meinung des Gesetzes beim Begriffe der Sachlegitimation ist, ergibt sich auch aus der einzigen Stelle der Prozeßordnung, die zweifellos zur Auslegung hier herangezogen werden kann und muß, aus § 265 Abs. 3 Z.P.O.

Obwohl wir erst an späterer Stelle auf die Bedeutung dieses Paragraphen werden eingehen können, sei hier das zur Entwickelung des Begriffs Notwendige vorweggenommen.

§ 265 Abs. 3 sagt, es kann dem Kläger, der die in Streit befangene Sache veräußert hat, wenn das Urteil nicht für den Erwerber wirksam ist, eingewendet werden, er sei nicht mehr zur Geltendmachung dieses Anspruchs befugt.

An Stelle dieses Ausdrucks findet sich im § 238, Abs. 2 der alten Z.P.O., den eben heute § 265 Abs. 3 in anderer Fassung, aber dem Inhalte nach vollständig übereinstimmend, wiedergibt, die Fassung „Mangel der Sachlegitimation".

Es ist demnach Sachlegitimation, wie sich aus einem Vergleiche der alten und der neuen Z.P.O. ergibt, in der Sprache des Gesetzes, die Befugnis einen Anspruch geltend zu machen.

Nun handelt aber § 265 überhaupt schon von dem Falle, daß der Anspruch bereits rechtshängig ist; deshalb brauchte im Gesetze nicht ausdrücklich gesagt zu werden, was wir als selbstverständlich hinzusetzen dürfen, daß es sich um Geltendmachung eines Anspruchs im Prozeßwege handelt.

Im gleichen Sinne sprechen dann auch §§ 1380, 2212 B.G.B. von „gerichtlich geltend machen eines Anspruchs", §1402 „im Wege der Klage geltend machen", § 1443 „Rechtsstreitigkeiten, die sich auf das Gesamtgut beziehen, im eigenen Namen zu führen" u. s. w.

Demnach ist die Frage, wer ist richtiger Kläger, offenbar dahin zu verstehen, wer ist berechtigt, den fraglichen Anspruch im Wege der Klage geltend zu machen.

Was bedeutet nun aber hier „berechtigt"? Im Gegensatze zur Prozeßfähigkeit, als dem Befähigtsein zur selbständigen, klageweisen Geltendmachung, welche, wie wir sahen, von gewissen allgemeinen Eigenschaften der Person abhängt, kann ein „Berechtigtsein" nur auf einen materiellen Rechtsbegriff hinweisen, also auf eine rechtliche Beziehung zwischen dem Kläger bezw. dem Beklagten einerseits und dem geltend zu machenden Anspruch andrerseits; denn aus § 241 B.G.B.

ergibt sich, daß der Inhalt jeden Schuldverhältnisses ein „Berechtigtsein" ist.

In dem „Klagerecht" i. w. S. haben wir nun gleichfalls ein derartiges, obligationsähnliches Verhältnis.

Man versteht unter Klagerecht [1]) im engeren Sinne einen „Anspruch im Sinne des § 194 B.G.B." in seiner spezifischen Eigenschaft, der Durchsetzbarkeit im Wege der Klage; diese Eigenschaft bringt der „Anspruch" begrifflich mit sich, weil er ein Recht auf eine Aenderung ist, die in Ermangelung ihrer freiwilligen Bewirkung durch den Verpflichteten nicht ohne Zwang gegen diesen bewirkt werden kann.

Die Möglichkeit der Geltendmachung einer Rechtsbeziehung durch Klage beschränkt sich aber nicht auf Ansprüche. Klagerecht im weiteren Sinne bezeichnet daher nicht nur den „Anspruch" in Richtung auf seine Klagbarkeit, sondern überhaupt die Möglichkeit, eine rechtliche Beziehung durch Klage geltend zu machen, den Rechtsschutzanspruch, der durch Anrufen bestimmter staatlicher Organe betätigt wird.

Zu Klagen berechtigt sein ist also identisch mit Subjekt des Klagerechtes i. w. S. sein.

Wenn wir nun bezüglich der Sachlegitimation sehen, daß mit der Frage: „wer ist richtiger Kläger oder Beklagter?" die wir zum Ausgangspunkte nehmen, die weitere Frage aufgeworfen ist: „wer ist berechtigt, den fraglichen Anspruch (NB.! Anspruch im weitesten Sinne, etwa wie § 253 Z. 2 Z.P.O.,) im Wege der Klage geltend zu machen, bezw. gegen wen muß dies geschehen," so haben wir nunmehr den streitbefangenen Anspruch auf der einen, die Subjekte des Klagerechtes auf der andern Seite in Beziehung zu setzen: Wer sind inbezug auf ein Rechtsverhältnis die Subjekte des Klagerechts? wäre sohin jetzt für uns die Frage nach der Sachlegitimation.

Wie die geschichtliche Entwicklung des Begriffs oben ergeben hat, nannte man früher Sachlegitimation die Frage nach dem subjektiven Klagegrund.

Wir können hieraus auch für uns so viel entnehmen, daß die Beziehung zwischen den Subjekten des Klagerechts aus einem rechtlichen Verhältnisse und dem Rechtsverhältnisse selbst, nur als eine materiell rechtliche denkbar ist. Denn das materielle Recht regelt eben die Rechtsverhältnisse und die daraus sich ergebenden Beziehungen zu ihren Subjekten, während das

---

[1]) Hölder, Anspruch und Klagerecht Busch XXIX 50 fg.

formelle Prozeßrecht dieselben voraussetzt und Sicherung, Feststellung, Erfüllung, unter Umständen auch Aenderung derselben bezweckt.

Zur Begriffsbestimmung der Sachlegitimation werden wir deshalb sagen dürfen: so oft im Prozesse nach der Sachlegitimation gefragt wird, handelt es sich um Feststellung der rechtlichen Beziehung zwischen den im konkreten Falle als Kläger oder Beklagter auftretenden Personen zum Streitgegenstand.

Sachlegitimation bezeichnet demnach diejenige rechtliche Beziehung einer Person zum Gegenstande des erhobenen Anspruchs (§ 253 Z. 2 Z.P.O.), aus welcher die Befugnis folgt, über den Anspruch als Kläger oder Beklagter zu prozessieren.

2. Umfang der Sachlegitimation.

Im weiteren werden wir nun zu untersuchen haben, welcher Art diese rechtlichen Beziehungen sind bezw. sein können, die wir mit Sachlegitimation bezeichnet haben.

Um Wiederholungen zu vermeiden, sei auf die früheren Erörterungen verwiesen, wonach der objektive Beweis zu enthalten hat die Darstellung der Rechtsverhältnisse, aus denen sich die Entstehung des jetzt geltend gemachten, streitig gewordenen Anspruchs überhaupt ergibt, der subjektive Beweis dagegen die Beziehungen zwischen dem erwiesenermaßen entstandenen Anspruch und demjenigen ersehen läßt, der jetzt im Prozesse ihn geltend macht bezw. gegen den er geltend gemacht wird; mit letzterem haben wir es, wie bereits erörtert, bei der Frage der Sachlegitimation allein zu tun.

Um nun die rechtlichen Beziehungen aufzusuchen, die die Befugnis zur klageweisen Geltendmachung eines Anspruchs mit sich bringen, scheint es praktisch die Fälle negativer Art, d. h. diejenigen zunächst ins Auge zu fassen, in denen das Recht zu klagen im konkreten Falle fehlt.

Dies ist denkbar, wenn dem Kläger überhaupt an der in Streit gezogenen Sache kein Recht zusteht, z. B. klagt jemand auf Leistung aus einer Servitut, mit der Behauptung, er sei Erbe des Vorbesitzers des herrschenden Grundstücks geworden. Ist diese Angabe unrichtig, so wird die Klage als unbegründet abgewiesen. Die Richtigkeit der Formalien vorausgesetzt, ergeht hier Endurteil zur Sache, nicht Prozeßurteil; es wird dadurch der Bestand des materiellen Rechts, welches Prozeßgegenstand ist, in seiner Beziehung auf die Person des Klägers verneint; es kann sehr wohl dem Grundstücke die fragliche Servitut gegenüber der beklagten Person zustehen; allein der jetzige Kläger ist nicht berechtigt, sie geltend zu machen.

Weiterhin ist möglich, daß der Anspruch zwar in der Person des Klägers entstanden, aber durch Cession, Ueberweisung, Pfändung oder sonst wie immer auf einen anderen übergegangen ist.

Wieder anders liegt die Sache, wenn der Kläger aus einem Recht Klage erhoben hat, welches ihm trotz des Bestehens in seiner Person nicht die Befugnis gewährt, dasselbe in dieser Weise auszuüben; hier sei besonders an die später im einzelnen zu besprechenden Gemeinschaftsverhältnisse erinnert, z. B. die Fälle, in welchen ein gemeinsames Recht von allen Berechtigten nur gemeinsam im Wege der Klage geltend gemacht werden kann.

Die rechtliche Beziehung zum Streitgegenstande kann ferner dadurch eine Aenderung erlitten haben, daß einem Dritten ein das bisherige Recht zeitlich (oder dauernd) ausschließendes Recht an der Sache auf rechtsgeschäftlichem oder gesetzlichem Wege eingeräumt wird.

Es kommen demnach vor allem folgende Gesichtspunkte in Betracht:

1. ob die rechtliche Beziehung, welche die Befugnis zur klageweisen Geltendmachung mit sich bringt, beim Beklagten entstanden ist,
2. ob, wenn bei ihm entstanden, sie ihm noch und ihm allein zur Geltendmachung zusteht,
3. ob die rechtliche Beziehung nicht wieder erloschen ist.

In allen diesen Beziehungen spricht man von Aktiv- und Passivlegitimation, aber mit sehr verschiedenen Ursachen: soweit Nichtentstehung bezw. Erlöschen des zu Grunde liegenden Rechtsverhältnisses den Mangel der Sachlegitimation begründet, kann man mit Hellwig von Mangel der Rechtszuständigkeit reden; also ist der Kläger primär zur Sache legitimiert, wenn ihm das fragliche Recht zusteht, wenn er Subjekt des Rechtsverhältnisses ist; dies bildet naturgemäß den Regelfall der Sachlegitimation.

Es ergibt sich dies auch aus der Natur des subjektiven Rechts; nach Jellinek: das durch Anerkennung menschlicher Willensmacht geschützte Gut; aus dem Rechte im subjektiven Sinne entwickelt sich dann der Begriff „Anspruch" i. e. die gegenwärtige Befugnis auf ein Tun oder Unterlassen eines andern § 194 B.G.B. und zum Schutze dieses Anspruchs, das

Anrufen staatlicher Organe zur Verwirklichung desselben, die Klage; dadurch, daß sich der Anspruch von vorneherein gegen einen anderen richtet, ist die Aktiv- und Passivlegitimation mit der Entstehung desselben bestimmt.

Komplizierter wird dagegen die Sachlage schon dadurch, daß der Anspruch nicht einem allein, sondern mehreren mit einander zusteht; hier fragt es sich, wie wir sehen werden, wie weit das Recht des einzelnen Mitberechtigten geht, was er auf Grund seines Rechts an der Sache im Klagewege von dem Verpflichteten verlangen kann.

Aber nicht den Subjekten von Ansprüchen allein steht ausschließlich die Befugnis zur Geltendmachung im Prozesse zu, auch mit weniger intensiven Beziehungen einer Person zu einem Rechtsverhältnisse hat das Gesetz zum Teil die Klagebefugnis verknüpft.

Hierher gehören vor allem die Fälle des ehelichen Güterrechts, wo der Mann teilweise, wie noch eingehender zu betrachten sein wird, ein dem Nießbrauch ähnliches, dingliches Recht an dem Frauenvermögen hat, das ihm für Aktivprozesse die ausschließliche Befugnis zum Prozesse verleiht; weiter zählen hierher das Recht des Mannes am Gesamtgut, der Pfändungspfandgläubiger, dem eine Forderung zur Einziehung überwiesen ist, der Nießbraucher, der Pfandgläubiger, kurz alle Fälle, in denen das Gesetz Personen, die nicht Subjekte des Anspruchs sind, kraft eigenen Rechts oder eigenen Interesses zur prozessualen Geltendmachung ermächtigt.

Es handelt sich aber immer um solche Verhältnisse, wo das Recht des Subjekts durch rechtliche Beziehungen zum Anspruche seitens dritter Personen soweit eingedämmt ist, daß auch die prozessuale Geltendmachung diesen dritten Personen oder doch dem Subjekte nur mit ihnen zusammen zusteht, daß sie, die dritten Personen, aus eigenem Rechte und eigenen Namens darüber Klage führen oder als Beklagte handeln können.

cf. Petersen-Anger[1]): nur soweit ein Dritter kraft eigenen Rechts und für sich den Prozeß zu führen hat, ist er zur Sache legitimiert; dann hat er aber auch die Prozeßkosten aus eigenen Mitteln zu tragen und gilt in allen Richtungen, insbesondere soweit es sich um Rechtskraft und Zwangsvollstreckung handelt, als Partei.

Gleichwohl scheint es uns ausgeschlossen, die verschiedenen Fälle, in denen nicht das Subjekt des streitigen Verhältnisses,

---

[1]) Petersen-Anger l. c.

sondern andere kraft eigenen Rechts oder rechtlich geschützten Interesses an der fremden Sache das Klagerecht ausüben, einheitlich zusammenzufassen; denn bisher haben wir hier nur von Ansprüchen gesprochen. Die Schwierigkeit der Zusammenfassung ergibt sich aber insbesondere daraus, daß die Z.P.O. nicht nur Leistungsklagen, sondern auch Feststellungs- und Rechtsgestaltungsklagen kennt.

Dadurch kann als gemeinsamer Gegenstand aller nach der Z.P.O. zulässigen Klagen nur bezeichnet werden[1]): die Rechtsfolge eines materiell rechtlichen Tatbestandes, mag diese in einem Rechte, speziell in einem Anspruche, oder in einem Rechtsverhältnisse oder nur in der Berechtigung bestehen, eine richterliche Handlung zu verlangen.

Die Sachlegitimation besteht demnach in dem Nachweise, daß zwischen der als Kläger auftretenden, bezw. als Beklagten in Anspruch genommenen Person und dem materiell rechtlichen Tatbestand eine solche rechtlich relevante Beziehung besteht, welche die Befugnis der prozessualen Geltendmachung aktiv oder passiv mit sich bringt.

Deshalb sind wir der Ansicht, wenn wir auch vorzugsweise von Leistungsklagen und Ansprüchen (im Sinne des B.G.B.) ausgingen, daß der Begriff Sachlegitimation sich nicht auf diese beschränken kann und darf.

Es ergibt sich dies schon aus dem jeder Klage zu Grunde liegenden Rechtsschutzanspruch; wer ist berechtigt, für ein bestehendes Rechtsverhältnis in concreto den Rechtsschutz anzurufen?

Bei Leistungsklagen, die ein Rechtsverhältnis zwischen bestimmten Personen voraussetzen, liegt die Antwort auf der Hand; bei der dinglichen Klage, z. B. der actio negatoria, steht dem dinglich Berechtigten jeder Dritte gegenüber, der den Berechtigten in Ausübung seines Rechtes, anders als durch totale Besitzentziehung stört.

Zur Feststellungsklage gehört der Nachweis, daß für eine Person bezw. gegenüber einem Dritten ein rechtliches Interesse an der alsbaldigen Feststellung des Bestehens oder Nichtbestehens eines Rechtsverhältnisses begründet ist. Dadurch daß das Gesetz Feststellungsklagen in diesem Umfange kennt, läßt es eben Klagen zu aus rechtlich geschützten, demnach als schutzbedürftig anerkannten Rechtsverhältnissen gegen bloße Gefährdung derselben. Aktiv legitimiert ist daher das Subjekt des

---

[1]) cf. Gaupp-Stein, Vorbemerkung vor § 253 Z.P.O.

behaupteten Rechtsverhältnisses, passiv jeder, der sich in Widerspruch dazu setzt, es auch nur gefährdet.

Wie verhält es sich nun mit der dritten Art, den Rechtsgestaltungsklagen? Zwar ist nicht zu bestreiten, daß sie begrifflich Akte der freiwilligen Gerichtsbarkeit bezwecken; denn es werden durch sie neue Rechtsbeziehungen geschaffen, nicht die Existenz bestehender lediglich durch Urteil konstatiert.

Aber die Form ist doch die des Prozesses; dem Prozesse liegt, wie wir schon ausgeführt haben, ein Klagerecht zu Grunde, das eben zum Gegenstand hat, die Fürsorge für die Existenz eines Zustandes, auf dessen Existenz sein Subjekt ein Recht hat. Das Bedürfnis jener Fürsorge entspricht dem Inhalt dieses Rechts.

Das Recht auf Scheidung hat mit dem Privatrechtsanspruch gemeinsam seine durch seine Existenz gegebene Durchsetzbarkeit durch gerichtliche Klage.

Weil aber Klage das Mittel der Durchsetzbarkeit des Rechts ist, deshalb ist auch die Frage nach der Sachlegitimation, nach der rechtlichen Beziehung, die zur Erhebung derselben berechtigt, am Platz.

Wenn §§ 1565—69 bestimmen, ein Ehegatte kann auf Scheidung klagen, wenn 2c., so sagen sie offenbar einerseits unter welchen Voraussetzungen ein Ehegatte die familienrechtliche Befugnis gegenüber dem anderen Ehegatten dahin hat, daß durch Urteil ein zur Zeit bestehendes Rechtsverhältnis als gelöst erklärt werde, sie enthalten aber andererseits die Anordnung, daß nur die Ehegatten, als die an dem Rechtsverhältnisse unmittelbar Beteiligten, die Scheidungsklage zu erheben berechtigt sind. Anders liegt die Sache z. B. für die Ehenichtigkeit; hiefür enthalten die §§ 1324—1328 B.G.B. die einzelnen Gründe, während § 632 Z.P.O. den Personenkreis umgrenzt, der zur Geltendmachung der Nichtigkeit befugt ist.

Nicht anders verhält es sich, wenn etwa § 664 Abs. 2 Z.P.O. den Entmündigten und anderen Personen zur Klage legitimiert; es sind rechtlich geschützte Interessen, bezw. deren Vertretung, die dafür maßgebend sind. Die Interessen des einzelnen Beteiligten, wie die der Gesamtheit, welch letztere der Staatsanwalt aktiv wie passiv (§ 666 Z.P.O.) zu vertreten hat, laufen zusammen in dem Bestreben, die Beseitigung eines gesetzwidrigen Zustandes herbeizuführen, wenn durch Entmündigung jemand für geschäftsunfähig, für geschäftsbeschränkt erklärt wäre, ohne daß die Voraussetzungen dazu vorliegen.

Unseres Erachtens mit vollem Recht sagt daher Seuffert[1]), daß in solchen Fällen, wie §§ 632, 664_2, 679_4 ꝛc. Z.P.O. die Z.P.O. in materielles Recht übergreife.

Was für die Ehescheidung das B.G.B. selbst bestimmt, bringt für die Ehenichtigkeit, Entmündigung ꝛc. die Z.P.O. nach, daß nämlich bestimmte Personen in rechtlich relevanter Beziehung zu diesen materiell rechtlichen Tatbeständen stehen und dadurch die Befugnis zur Geltendmachung im Wege der Klage haben; dies eben verstehen wir unter Sachlegitimation.

3. Sachlegitimation gegenüber Verwaltungs- und Verfügungsrecht.

Die Sachlegitimation, wie wir sie eben kennen gelernt haben, bleibt, so lange die rechtliche Beziehung, die sie begründet, währt. Nur die Aufhebung dieser rechtlichen Beziehung, als Subjekt oder sonstwie zur Sache Berechtigter, entzieht die Legitimation; es muß deshalb der Anspruch erlöschen oder eine entsprechende Aenderung in der Rechtslage eintreten, wonach der bisher Berechtigte diese Rechtsbeziehung verliert und ein anderer in sie eintritt.

Deshalb kann in allen den Fällen nicht von Verlust der Sachlegitimation die Rede sein, in denen eine Vermögensverwaltung eintritt; hierdurch verliert eben das Rechtssubjekt diese seine Beziehung zur Streitsache nicht; der Gemeinschuldner, der Erbe ꝛc. bleiben Subjekt der Masse, des Nachlasses ꝛc. und es kann ihnen damit auch nicht die Sachlegitimation verloren gegangen sein. Wenn unsere Definition richtig ist, daß unter Sachlegitimation die rechtliche Beziehung der Person zur Streitsache verstanden wird, aus der sich die Befugnis zur prozessualen Geltendmachung ergibt, dann sind Erbe, Gemeinschuldner ꝛc. trotz Aufstellung eines Testamentsvollstreckers, Nachlaßverwalters oder -Pflegers ꝛc. zur Sache legitimiert und bleiben es.

Was denselben entzogen ist, ist lediglich die Ausübung der aus der Sachlegitimation, aus diesem Verhältnis zur Streitsache fließenden Befugnis; die Ausübung dieser Befugnis wird dem Verwalter übertragen.

Aber es ist ein großer Unterschied, ob man mit einem Teile der herrschenden Lehre sagt, die Sachlegitimation ist übertragen oder die Ausübung derselben. So lange das Subjekt des Vermögens in seinen rechtlichen Beziehungen zur Vermögens-

[1]) Seuffert: Kommentar zu Z.P.O. § 52 sub 7.

masse unverändert bleibt, hat es das Recht der prozessualen Geltendmachung der daraus sich ergebenden Ansprüche, und wenn die Ausübung dieses Rechts inhibiert und dem Verwalter übertragen ist, übt dieser notwendiger Weise nicht ein eigenes, sondern ein fremdes Recht aus, mit der Folge, daß das Subjekt des Vermögens aus den Rechtshandlungen des Verwalters berechtigt und verpflichtet wird, daß der Verwalter Vertreter des betreffenden Subjekts ist.

Wie vereint sich nun diese Ansicht mit K.O. § 6 Abs. 1: der Gemeinschuldner verliert die Befugnis, sein zur Masse gehöriges Vermögen zu verwalten und über dasselbe zu verfügen, eine Bestimmung, die nach § 1984 B.G.B. auch für die Nachlaßverwaltung, nach § 2205 für die Testamentsvollstreckung gilt?

Die Befugnis zur prozessualen Geltendmachung eines Anspruchs haben wir als Folgeerscheinung der Sachlegitimation kennen gelernt, abhängig von der Voraussetzung einer rechtlichen Beziehung.

Nun wird aber das Geltendmachen im Wege der Klage auch als Verwaltungshandlung aufgefaßt.

Mit dem Ausdrucke Verwaltung[1]) bezeichnet nämlich das B.G.B. bald nur die laufende Verwaltung eines Vermögens, bald wird der Begriff in einem weiteren Umfange gebraucht und umfaßt dann alle Maßnahmen, welche der Eigentümer eines Vermögens in Bezug auf dasselbe zu treffen befugt ist, insbesondere auch das Verfügen über die Substanz. Die Prozeßführung wird im B.G.B. grundsätzlich als Verwaltungsakt aufgefaßt.

Allein daraus, daß sowohl Sachlegitimation, wie Verwaltungsrecht die Befugnis zur prozessualen Geltendmachung eines Anspruchs mit sich bringen, ist nicht zu folgern, daß sie etwa identisch sind. Dazu sind ihre Grundlagen zu weit verschieden; denn während die Sachlegitimation ein inneres, rein materiell rechtliches Verhältnis der Person zur Streitsache in sich schließt, beruht das Verwaltungsrecht, in striktem Gegensatze hiezu, auf einem rein äußerlichen, tatsächlichen Verhältnis der Person zu der Sache und bringt ein Handeln in fremdem Interesse, im Namen und mit Wirkung für andere mit sich.

Deshalb braucht mit dem Verluste des Verwaltungsrechts nicht der Verlust der Sachlegitimation selbst verknüpft zu sein, sondern, wie wir oben schon gezeigt haben, nur die Ausübung der aus der Sachlegitimation fließenden Befugnis geht auf den Vermögensverwalter über.

[1]) cf. Planck: Kommentar zum B.G.B. I S. 109 fg.

Trotzdem sich also Sachlegitimation und Verwaltungsrecht ziemlich nahe stehen, finden wir sie in der Literatur weniger zu einander, als die Sachlegitimation mit dem Verfügungsrecht in Parallele gestellt; es wird, wie schon einmal berührt, der Prozeßfähigkeit als Dispositionsfähigkeit nicht selten die Sachlegitimation als Dispositionsbefugnis gegenübergestellt.

Verfügungsbefugnis ist die im Rechte anerkannte Macht einer Person, rechtswirksame Verfügungen über einen Gegenstand zu treffen.

Allein die Motive zum B.G.B. bemerken ausdrücklich (S. 379): der Entwurf sieht in der Prozeßführung nicht eine Verfügung über den im Streit befangenen Gegenstand, sondern nur einen auf dessen Erhaltung gerichteten Akt.

Obwohl also die Parteien durch die Art ihrer Prozeßführung über das Streitobjekt den Inhalt des ergehenden Urteils zu beeinflussen imstande sind und infolge der Wirkung des Urteils eine Aenderung der Rechtslage eintreten kann, handelt es sich doch nur um eine mittelbare Einwirkung auf bestehendes Recht.

Man darf deshalb aus dem Umstand, daß einer Person das Verfügungsrecht über den Streitgegenstand nicht zusteht, nicht ohne weiteres schließen, daß sie auch zur Prozeßführung nicht legitimiert sei; es kann sohin Verlust des Verfügungsrechts nicht, wie behauptet wird, identisch sein mit Mangel der Sachlegitimation; verfügen dürfen und Recht zur Prozeßführung entsprechen sich nicht.

Deshalb schließt auch ein Veräußerungsverbot nach § 135 B.G.B. das Recht nicht aus, einen Rechtsstreit über den Gegenstand zu führen, dessen Veräußerung verboten ist; dem Berechtigten, welcher die Befugnis zu Rechtsgeschäften durch das Veräußerungsverbot verloren hat, fehlt deshalb noch nicht die Befugnis zur Prozeßführung; denn die letztere ergibt sich aus seinem Rechtsverhältnisse zum Streitgegenstande, als Subjekt desselben oder dinglich Berechtigter, und dieses Verhältnis wird durch das Verbot nicht verändert. Der Zivilprozeß dient auch seiner Bestimmung nach im allgemeinen dem Schutze der bestehenden, nicht der Begründung neuer oder der Veränderung bestehender Verhältnisse.

Führen die Parteien absichtlich oder durch Unachtsamkeit ein mit der bestehenden Rechtslage nicht übereinstimmendes Urteil herbei, so ist dies eine von der Rechtsordnung nicht gewollte Erscheinung.

Demgemäß unterscheidet sich auch die rechtsgeschäftliche Handlung in ihrem Grundwesen durchaus von der Prozeßhandlung; erstere will Veränderung der bestehenden Verhältnisse herbeiführen; letztere dient dem Prozeßzweck und ist weder direkt, noch indirekt Verfügung über das materielle Rechtsverhältnis.

Verfügungsbefugnis und deren Entziehung sagen also für den Begriff der Sachlegitimation und der hieraus sich ergebenden Konsequenz gar nichts.

4. Verhältnis zur herrschenden Lehre.

Vergleichen wir nunmehr die von uns aufgestellte Definition von Sachlegitimation mit den oben Seite 13 u. 14 zitierten, in der Literatur hauptsächlich vertretenen Ansichten[1]), so ist festzuhalten, daß die bisherigen Definitionen das Hauptgewicht auf „Befugnis zur Verfügung im Wege der Klage“ gelegt hatten: so Planck, das Vorhandensein der Befugnis über das jetzt in Frage stehende Streitobjekt zu verfügen, ebenso Gaupp-Stein, die aus dem Rechte am Streitgegenstande fließende Befugnis, über denselben als Berechtigter oder Verpflichteter zu verfügen.

Allein wir haben soeben zu beweisen gesucht, daß die Prozeßführung mit der Verfügungsbefugnis im Grunde genommen nichts gemein hat; auf das Verfügenkönnen oder -dürfen kommt es weder für die Frage der Sachlegitimation, noch für die der Prozeßführung unmittelbar an.

Dagegen ist zu betonen, daß es sich bei der Sachlegitimation um einen rein materiell rechtlichen Begriff handelt mit prozessualen Folgen; die Sachlegitimation bildet gleichsam die Verbindungsbrücke zwischen dem materiellen- und dem Prozeßrecht dadurch, daß sie die materiell rechtliche Beziehung einer bestimmten Person zur Streitsache bezeichnet, als deren Folge die Befugnis zu prozessualem Auftreten dieser Person als Partei erscheint.

Diese Ansicht liegt offenbar auch Seuffert zu Grunde, wenn er zu § 51, 52 Z.P.O. Anm. 7 bemerkt, Sachlegitimation sei keine Eigenschaft der Person (wie die Prozeßfähigkeit), sondern eine Beziehung zwischen Person und Streitgegenstand.

Diese Beziehung können wir uns, wie schon ausgeführt, nur als eine materiell rechtliche, nicht als allein tatsächliche, denken und Seuffert fährt auch fort, wer zur Sache legitimiert ist, ergibt sich aus dem materiellen Rechte.

Auch was Hellmann im Lehrbuch des Zivilprozesses und Fuchs bei Gruchot Bd. 38 S. 240 fg. über den Begriff

[1]) Am nächsten steht dem hier vertretenen Standpunkte Jaeger a. a. O. [ob. S. 14 Note 4].

der Sachlegitimation erwähnen, scheint für unsere Ansicht zu sprechen. Sie nennen Sachlegitimation den Nachweis der subjektiven Beziehungen der Person des Klägers oder Beklagten zum geltend gemachten Anspruch. Nur bezeichnet Sachlegitimation u. E. nicht nur den Nachweis dieser Beziehungen, sondern mehr als das, nämlich die Beziehung selbst, die Tatsache derselben wird dadurch umschrieben. Ich habe die Sachlegitimation für irgend einen Anspruch, heißt nicht, ich habe den Nachweis erbracht und kann ihn erbringen, daß ich in rechtlicher Beziehung stehe, sondern behauptet die rechtliche Beziehung zu dem Anspruch, welche die Befugnis zur Prozeßführung mit sich bringt.

Hellwig vertritt in seinem Werke: Anspruch und Klagerecht den Standpunkt, daß Sachlegitimation nicht nur die Frage der Rechtszuständigkeit, sondern auch die der Geltendmachung umfasse; dagegen führt er in seinem neuerdings erschienenen Lehrbuch des Zivilprozesses, Leipzig, 1903, an Stelle dessen, was man bisher unter Sachlegitimation verstand, die Bezeichnung Prozeßführungsrecht ein, als die Befugnis, ein Recht gerichtlich, im Wege der Klage, geltend zu machen (S. 155).

Das Prozeßführungsrecht in diesem Sinne hat

1. wer das Verwaltungsrecht hat in Beziehung auf das geltend gemachte Recht; das Verwaltungsrecht umfaßt auch das Recht zur prozessualen Geltendmachung; in zahlreichen Fällen ist dem Berechtigten mit dem Verwaltungsrecht das Prozeßführungsrecht genommen; es kann einem Dritten, als ein im eigenen Namen auszuübendes, zustehen, wie dem Ehemann, oder es kann einem Verwalter, als ein im fremden Namen (im Namen eines selbständigen Sondervermögens) auszuübendes zukommen;
2. als rein prozessuale Vorschrift: die Fälle des § 265 und § 72 Z.P.O., in beiden Fällen ist das Prozeßführungsrecht ein prozessuales Recht; in dem ersteren Falle nicht weniger, weil seine Existenz von der Gestaltung außerprozessualer Verhältnisse abhängt.

Gewöhnlich, schreibt Hellwig S. 157, denkt man aber, wenn man von Aktivlegitimation spricht, vorzugsweise oder gar ausschließlich an die subjektive Zuständigkeit des abzuurteilenden Rechts. Hier (in dem Lehrbuch) wird der Ausdruck Sachlegitimation nur in dem Sinne der Rechtszuständigkeit gebraucht.

Allein u. E. sagen dann doch die Begriffe Sachlegitimation (im Sinne von Hellwig) und Prozeßführungsrecht in gewissem

Umfange dasselbe. Sachlegitimation als Rechtszuständigkeit behält zweifellos die Richtung auf den Prozeß, und sagt: als Subjekt zur Geltendmachung im Wege der Klage befugt sein. Welche Bedeutung sollte auch sonst der Einwand der mangelnden Sachlegitimation im Prozesse haben? Der Gegner sagt damit: Du bist nicht Subjekt des Anspruchs und darfst daher den Prozeß nicht führen; nicht aber: Du bist nicht Subjekt, vielleicht hast du ein anderes Prozeßführungsrecht. Er bezweckt ja mit dem Einwand sofortige Klagabweisung.

Ist aber diese Interpretation der Sachlegitimation gleich Rechtszuständigkeit richtig, dann sagen insoweit Sachlegitimation und Prozeßführungsrecht dasselbe, nur letzterer Begriff weiter, verschiedene Fälle umfassend, unter Betonung der prozessualen Seite, ersterer enger, nur auf das Subjekt Bezug nehmend, unter Betonung der materiellen Seite.

Wenn von dem Begriffe Sachlegitimation die Befugnis zur prozessualen Geltendmachung nicht zu trennen ist, dann ist nicht einzusehen, warum er auf das Verhältnis als Subjekt des Streitgegenstands beschränkt sein und nicht auch Fälle mitumfassen soll, für welche sich aus anderen, weniger intensiven Rechten am Streitgegenstand die gleiche Befugnis ergibt.

Dazu kommt, daß Hellwig unter der Bezeichnung „Prozeßführungsrecht" durchaus incongruente Verhältnisse zusammenfaßt, wie das Verwaltungsrecht des Ehemanns und die Stellung des Konkursverwalters, obwohl sich die Befugnis zur prozessualen Geltendmachung für den Ehemann auf ein Recht am eingebrachten Gut gründet, während für den Konkursverwalter ein solches Recht nicht besteht.

Schließlich muß hier noch ein dritter, von Hellwig aufgeführter Begriff Erwähnung finden, die Prozeßführungsmacht, der allerdings zur Sachlegitimation in striktem Gegensatze steht, weil er die Prozeßführung gerade eines Nichtberechtigten voraussetzt.

Wie die Prozeßfähigkeit auf dem Gebiete des materiellen Rechts mit der Geschäftsfähigkeit zu vergleichen sei, so entspreche dem Rechte zur Prozeßführung die Verfügungsbefugnis (ein Satz, den wir schon widerlegt zu haben glauben). Der Mangel oder die Beschränkung der Geschäftsfähigkeit könne aber nicht durch den guten Glauben des anderen Teils ausgeglichen werden; dagegen verleihe das Gesetz unter Umständen auch der Verfügung des Nichtberechtigten volle Wirksamkeit, auf Grund des guten Glaubens oder der Zustimmung. Eine analoge Erscheinung biete das Prozeßrecht; prinzipiell habe die Prozeßführung desjenigen, dem das Recht fehlt, zwar für ihn selbst und seine Rechtsnachfolger Wirksamkeit, entbehre dieser aber gegenüber der richtigen Partei.

Aus besonderen Gründen habe auch die Prozeßführung, die ein Nichtberechtigter über fremde Rechtsverhältnisse als über eigene vornehme, Wirksamkeit gegenüber dem wahren Subjekt. Diese Ausnahmen setzten voraus, daß der Gegner in gutem, durch gesetzlich bestimmte Gründe gerechtfertigten Glauben an das Prozeßführungsrecht war oder daß der Berechtigte seine Zustimmung zu der ohne diese unwirksame Prozeßführung gegeben hat.

Allein in diesen Verhältnissen ist u. E. keine Besonderheit des Prozeßrechts zu erblicken, sondern soweit der gute Glaube in Frage kommt, dehnt eben § 325 Abs. 2 Z.P.O. die Wirkungen des guten Glaubens für das materielle Recht aus auch auf Fälle, wo das materielle Recht durch Urteil festgestellt ist; die gutgläubige Partei ist durch den guten Glauben verhindert, den Einwand der mangelnden Aktiv- und Passivlegitimation zu machen und erhält dafür als Gegengewicht den Vorzug, daß sie ihre Interessen nicht noch einmal in einem zweiten Prozeß gegenüber dem wahren Berechtigten zu vertreten braucht.

Dagegen erscheint der Ausdruck Prozeßführungsmacht wohl geeignet zur Bezeichnung derjenigen Fälle, in denen eine Person die Befugnis hat, einen Anspruch im Wege des Prozesses geltend zu machen, ohne dazu aktiv legitimiert zu sein, so insbesondere für die Vermögensverwalter, die an Stelle des Subjekts die Prozeßführungsbefugnis für dasselbe ausüben.

Der Unterschied zu den von Hellwig bezeichneten Fällen ist der, daß man hier in Wahrheit von Prozeßführungsmacht sprechen kann, weil der Prozeß selbst ein Prozeß des Berechtigten ist, dieser ist Partei, der Prozeßführer ist aber sein Vertreter, mit der Macht ihn zu vertreten, weil er unabhängig ist vom Willen des Vertretenen.

Ganz anders in jenen Fällen, wo nur die Wirkungen des Prozesses, die Rechtskraft des Urteils auf den wahren Berechtigten erstreckt werden, während im Prozeß die handelnden Personen selbst Partei sind und von einer Vertretung während desselben, von einer Macht, den Prozeß zu führen, auch gegen den Willen des Berechtigten keine Rede sein kann, am allerwenigsten in dem gleichfalls hierhergezogenen Fall der Zustimmung des Berechtigten.

Durch den Begriff Prozeßführungsmacht in unserem Sinne tritt auch der Gegensatz zwischen Sachlegitimation und Prozeßlegitimation (legitimatio ad processum) in den richtigen Gegensatz, erstere auf rechtlicher Beziehung, letztere ohne solche auf einem tatsächlichen Verhältnisse der Person, die im Prozesse auftritt, zur Streitsache beruhend.

In der Anmerkung zu den oben zitierten Sätzen wirft Hellwig der schon erwähnten Bemerkung Seufferts, Sachlegitimation sei eine Beziehung zwischen Person und Streitgegenstand, vor, Seuffert vermeide eine Definition, wenn er nicht zusammenfasse, worin diese Beziehung bestehe.

Die von uns aufgestellte Definition ist enger und entgeht dadurch vielleicht dem Vorhalt, den Jaeger (K.O. 2. Auflg. Anm. 24 zu § 6) Seuffert macht, daß die Trennung zwischen Sachlegitimation und Prozeßlegitimation nicht scharf genug sei, mit Recht, denn auch der Vormund steht in einer Beziehung zum Streitgegenstand, nämlich der tatsächlichen, daß der Streitgegenstand zum Vermögen seines Mündels und damit zu dem seiner Verwaltung unterworfenen Vermögen gehört, und doch ist nicht der Vormund, sondern der Mündel zur Sache legitimiert und Partei. Wäre deshalb z. B. in einem Prozesse der Fall so, daß der Streitgegenstand zu den etwa auf Grund § 112 B.G.B., der Verwaltung des Vormunds nicht unterworfenen Objekten gehörte, so müßte Abweisung der Klage des Vormunds nicht wegen Mangels der Sachlegitimation, sondern wegen mangelnder legitimatio ad processum erfolgen.

In einer Beziehung zu den Massegegenständen stehen auch Konkursverwalter, Testamentsvollstrecker, Nachlaßverwalter 2c., aber die Beziehung ist nicht materiell rechtlich; daher kann bei ihnen nicht von Sachlegitimation, sondern nur von Prozeßlegitimation die Rede sein.

Ganz anders stellt sich in diesem Punkte die Sachlage dar, wenn man mit Hellwig von der Selbständigkeit der hier in Frage kommenden Vermögensmassen ausgeht.

Allein darf man das? Rechtsfähige Institute im materiellen Sinne (nicht im formellen Parteibegriffe Wachs), die zwar wie juristische Personen behandelt werden, ohne es zu sein, gibt es im geltenden Recht nach unserer Anschauung nur den nicht rechtsfähigen Verein gemäß § 51 Abs. 2 Z.P.O., dem diese Stellung hier ausdrücklich zugewiesen ist, und die offene Handelsgesellschaft, für welche diese Eigenschaft aus den einzelnen Bestimmungen des H.G.B., wie sich später ergeben wird, gefolgert werden muß.

Hellwig will aber wie juristische Personen behandelt sehen alle Vermögensmassen, für welche eine separatio bonorum stattgefunden hat und welche einer selbständigen, das Subjekt ausschließenden Verwaltung unterstellt sind, und zwar wegen des Zweckes, der den Interessen des Vermögenssubjekts geradezu entgegengesetzt sein kann.

Nun erhält aber der ausgeschiedene Vermögensbestandteil diesen Zweck nicht erst mit der Konkurseröffnung; denn schon vor dem Konkurse dient das Vermögen des redlichen Schuldners der Befriedigung seiner Gläubiger und durch die gesonderte Verwaltung dritter Personen soll nur erreicht werden, daß das schuldnerische Vermögen einem fest umgrenzten Personenkreis in gleichmäßiger Verteilung zugeführt wird. Im Gesetze findet sich auch nirgends ein Anhaltspunkt für diese Konstruktion, die aus §§ 17 und 171 Z.P.O. allein gewiß nicht hergeleitet werden kann. Die Unhaltbarkeit der Konstruktion zeigt sich am deutlichsten in der Notwendigkeit, alle für sie benötigten Rechtssätze per analogiam für anwendbar zu erklären, ein Zeichen, daß sie nicht vom Gesetz gewollt und in seinen Sätzen berücksichtigt, sondern von der Doktrin geschaffen und in den Rahmen des Gesetzes gezwängt ist.

Können die Vermögensverwalter nicht als Organe des Sondervermögens gelten, so kann es sich des weiteren nur fragen, ob sie kraft eigenen Rechtes Partei oder Vertreter des Subjekts der betreffenden Vermögensteile sind.

Daß sie nicht Partei sein können, haben wir bei Betrachtung des Parteibegriffs schon gesehen an der Unmöglichkeit, die Bestimmungen der Z.P.O. hierfür auf sie anzuwenden. cf. insbesondere: Fuchs in Gruchot Bd. 38 S. 240 fg.: „Wenn als Partei nach den m. E. zutreffenden Ausführungen von Petersen bei Busch nur diejenigen anzusehen sind, welche am Rechtsstreit mit ihrer Person oder ihrem Vermögen beteiligt sind, so kann von einem Vorhandensein bezw. Fehlen der Sachlegitimation niemals bei denjenigen Personen gesprochen werden, welche den Rechtsstreit nicht im eigenen Namen und für eigene Rechnung führen, sondern sich in Ausführung eines ihnen, sei es von einer Privatperson, sei es einer Behörde erteilten Auftrags der Führung eines Prozesses für einen anderen unterziehen.

Bei gesetzlichen Vertretern im Sinne der Z.P.O. spricht auch niemand von Sachlegitimation; wohl aber begegnet man Ausführungen darüber, ob die Sachlegitimation für diejenigen Personen begründet sei, welche als gesetzliche Vertreter prozeßfähiger Personen für diese einen Prozeß führen; so findet sich die Passivlegitimation des Testamentsvollstreckers, der im Sinne der herrschenden Meinung nicht Partei ist, bei Eccius, Theorie und Praxis d. prß. Pr.R.

Aber der Testamentsvollstrecker tritt ja im Prozeß nicht kraft eigenen Rechts auf; mit seiner Person und seinem Vermögen ist er am Prozesse gar nicht beteiligt, sondern er wahrt die Rechte der Erben, in deren Namen er auftritt. Es handelt sich also nicht um Verknüpfung des geltend gemachten Anspruchs mit der Person des Testamentsvollstreckers.

Nicht Legitimation zur Sache im strengen Sinne des Wortes steht hier in Frage, sondern, wie Petersen S. 34 zutreffend bemerkt, die Legitimation zum Prozeß, der Nachweis, daß man befugt sei, als Vertreter eines andern im Prozesse desselben aufzutreten."

Nun hat das Reichsgericht in seiner Entscheidung Bd. 29 S. 29 für den Konkursverwalter mit dem Satze, derselbe habe ein Amt und erfülle die Pflichten, die es mit sich bringt 2c., allen Theorien von der Vertretung ein Ende zu machen versucht.

Daß ihm dies in gewissem Umfange gelang, zeigt der Aufsatz von Kiehl bei Busch XXX. S. 289 fg. der, die sog. Amtstheorie nicht nur bis zur Spitze, sondern über dieselbe treibt, wenn er den Konkursverwalter einfach zum Organ der Rechtspflege macht.

Beamter im Sinne unserer Reichsgesetze ist, wie Jaeger in der Juristenzeitung von 1900 S. 247 erörtert, der Konkursverwalter so wenig, wie der Testamentsvollstrecker und die anderen Verwalter.

Wenn hier, wie auch beim Nachlaßverwalter, Zwangsverwalter 2c. von einem Amt gesprochen wird, so ist darunter zweifellos nicht an ein Amt im öffentlich rechtlichen Sinne zu denken, denn die daraus sich ergebenden Konsequenzen sind schlechterdings unanwendbar.

Amt bezeichnet in dieser Anwendung vielmehr einen Kreis privatrechtlicher Rechte und Pflichten, die ihrem Träger nicht um seinetwillen, sondern zur Wahrung eines außerhalb seiner liegenden Zweckes beigelegt sind.

Dagegen erscheint uns unverständlich, wie mit diesem einem Worte alle materiell- und prozeßrechtlichen Zweifel über die Stellung des Konkursverwalters aus der Welt geschafft sein sollen.

Was sagt uns denn diesbezüglich das Wort „Amt"?

Der Vormund hat ein Amt, Amt des Testamentsvollstreckers, des Konkursverwalters; diese Ausdrücke finden sich alle in der Sprache des Gesetzes; wäre deshalb ihre Stellung die gleiche?

Das Amt muß u. E. auch einen Inhalt haben; Inhalt ist eben der jeweilige Kreis von Rechten und Pflichten, (der aber sehr verschieden umgrenzt sein kann), an dessen Stelle die Bequemlichkeit des Verkehrs das Wort Amt gesetzt hat.

Dies schließt aber keineswegs aus, wie Jaeger, K.O., mit Recht betont, daß der Konkursverwalter in gewisser Hinsicht den Gemeinschuldner vertritt (ebenso Wilmowski-Kurlbaum 6. Auflg. zu § 6: der Begriff eines Amtes ist vereinbar damit, daß der Amtsträger ein anderes Rechtssubjekt vertritt 2c.).

Es ist dies ebenso gut möglich, wie zweifellos feststeht, daß der Vormund das Amt hat das Mündel zu vertreten, ebenso der Testamentsvollstrecker den Erben u. s. w.

Wir glauben daher behaupten zu dürfen, daß unser Begriff der Sachlegitimation in Verbindung mit der Möglichkeit der Vertretung prozeßfähiger Personen einerseits und die Annahme einer Prozeßführungsmacht des Vertreters andrerseits die Verwaltung losgelöster Vermögensmassen am besten prozessual eingliedert, ohne sich mit der Amtstheorie des R.G. in Widerspruch zu befinden.

Der Vorzug derselben zeigt sich aber darin, daß von unseren Standpunkt aus § 241 Z.P.O. z. B. ohne weiteres anwendbar ist, während Gaupp-Stein, Seuffert, Hellwig auf ihren Verwalter, als Partei, den § 239 Z.P.O. beim Tode des Verwalters natürlich ausschließen müssen, und den § 241 für analog anwendbar erklären.

Ebenso gestaltet sich die Kostenfrage unbedenklich nach den Bestimmungen der §§ 91 fg. Z.P.O.

Die Eidesleistung erfolgt unter Ausdehnung des § 473 Abs. 1 Z.P.O. auf diese Fälle durch den Vertreter; so Seuffert: „obwohl die Vorschrift zunächst von Vertretern prozeßunfähiger Personen handelt, ist sie doch auf die Organe juristischer Personen und Gemeinschaften und auf die gesetzlichen Vertreter einer Partei anzuwenden, die zwar prozeßfähig, aber nicht zur Prozeßführung legitimiert ist; ebenso Gaupp-Stein: „nicht eidesfähig sind alle nicht prozeßfähigen und diejenigen prozeßfähigen Personen, die einen gesetzlichen Vertreter haben."

Für die Partei selbst aber ergibt sich daraus die Konsequenz, wie sie Richard Schmidt, Lehrbuch S. 477

zieht: „nur die Kehrseite davon, daß die gesetzlichen Vertreter der Parteien im Zweifel die Eide für die Partei leisten müssen, ist, daß diejenigen Parteien, welche im Prozeß durch gesetzliche Vertreter repräsentiert werden und welche also nicht wirksam verhandeln, gestehen und schwören können, unbehindert zum Zeugnis herangezogen werden dürfen. Grundsatz ist: Zeugnisfähig ist, wer nicht parteieidesfähig ist." cf. auch Jaeger K.O. § 6 Anm. 27 fg. „in irgend einer Form muß das Wissen jedes Menschen im Prozeß verwertet werden können, entweder durch Parteieid oder Zeugensaussage" und insbes. Seuffert; Vorbem. 2 z. VIII. Titel vor § 373 Z.P.O.: „zu eidespflichtigen Dritten gehören ferner, wer als gesetzlicher Vertreter den Prozeß führt und zwar nicht blos der in § 473 erwähnte Vertreter einer prozeßunfähigen Partei, sondern auch der einer prozeßfähigen, also sowohl der Vormund, Organe der juristischen Person und sonstiger Verbände (Konkursverwalter) als auch der Gesellschafter d. rechtsfähigen H.G., Nachlaßpfleger, -Verwalter, Zwangsverwalter."

5. Prozessuale Bedeutung der Sachlegitimation.

a) Vorhandensein und Mangel derselben.

Wie wir in früheren Ausführungen gezeigt haben, ist die Sachlegitimation kein Erfordernis des Zustandekommens eines Prozeßrechtsverhältnisses, keine Prozeßvoraussetzung, sondern ihr Vorhandensein ist nur Bedingung zu erfolgreicher Durchführung einer Klage. Es folgt dies aus dem materiell rechtlichen Inhalt, den wir als Definition gefunden haben.

Die Sachlegitimation ist als Teil des Klagegrundes, nämlich nach seiner subjektiven Richtung, ein Teil des Behauptungs- und Beweisstoffes des Klägers und setzt auch aus diesem Grunde den bereits im Gange befindlichen Prozeß voraus.

Es kommt übrigens in der Regel zu keinem besonderen Beweisverfahren bezüglich der Sachlegitimation. Für den Normalfall, wenn Subjekte des Anspruchs und Kläger bezw. Beklagter in einer Person zusammentreffen, ergibt schon die Klagebegründung von selbst, ohne besondere Hervorhebung den Nachweis derselben.

Liegt der Fall weniger einfach, so muß der Kläger Aktiv- und Passivlegitimation behaupten und im Fall sie bestritten werden, beweisen; dagegen kann von einer Prüfung von Amtswegen keine Rede sein.

Mißlingt dem Kläger dieser Beweis, so ist Abweisung der Klage durch Urteil, in der Sache selbst, als unbegründet die Folge. [1])

Bei Versäumnis des Beklagten, muß, um ein Urteil zu erwirken, das tatsächliche Vorbringen des Klägers seinen Anspruch rechtfertigen; dazu gehört natürlich auch die Behauptung, die ja hier keines Beweises bedarf, daß der Anspruch dem Kläger und gegen den Beklagten zustehe, bezw. die Behauptung eines Rechtsverhältnisses, woraus sich die Berechtigung hierzu ergibt. In diesen Fällen und in diesem Umfange ist die Sachlegitimation auch von Amtswegen zu prüfen und die Klage trotz Versäumnis des Beklagten abzuweisen, wenn das eigene Vorbringen des Klägers den Mangel dartut.

Verlust bezw. Mangel der Sachlegitimation kann in verschiedener Weise und mit verschiedener Wirkung eintreten.

Am einfachsten erledigt sich die Frage, wenn der Verlust der Sachlegitimation durch Wegfall, durch Erlöschen des geltend gemachten Anspruchs eintritt; dadurch entfällt der Klagegrund subjektiv und objektiv zugleich; der Prozeß erledigt sich in der Hauptsache.

Fällt die Sachlegitimation dagegen weg durch den Tod der Partei, also bei Universalsuccession, so hat dies nach § 239 Z.P.O. eine Unterbrechung des Verfahrens zur Folge; es sei denn, daß die verstorbene Partei durch einen Prozeßbevollmächtigten vertreten war § 246 Z.P.O.; die Unterbrechung endigt mit der Aufnahmeerklärung.

Wird die Aufnahme verzögert, so kann der Gegner dazu laden. Nach der Aufnahmeerklärung kann ein Streit über die behauptete Sachlegitimation des Rechtsnachfolgers entstehen.

Der Aufnehmende muß auf Rüge des Gegners beweisen, daß er Rechtsnachfolger geworden und infolgedessen zur Aufnahme berechtigt ist und zwar ebenso, wie wenn von vorneherein die Aktiv- oder Passivlegitimation von Erheblichkeit gewesen wäre.

Wird der Beweis nicht geführt, so wird der Aufnehmende durch Endurteil abgewiesen und das Verfahren bleibt unterbrochen. (R.G. 34, 427).

Führt der Nachfolger den Beweis seiner Nachfolgerschaft,

---

[1]) Ein beachtenswerter Gegensatz zur „Prozeßlegitimation", deren Mangel das Urteil der Nichtigkeitsklage unterwirft gemäß § 579 Z. 4 Z.P.O.

so ist die Nachfolgereigenschaft und die Gültigkeit der Aufnahme durch Zwischenurteil festzustellen, das aber nicht selbständig anfechtbar ist (R.G. 34, 381). cf. Schmidt, S. 824, Gaupp-Stein zu § 239, Seuffert eodem, anders Schollmeyer, Zwischenstreit, S. 111, der in § 217 (239) Z.P.O. in jedem Falle einen Zwischenstreit unter den Parteien sieht.

Den Fällen der Rechtsnachfolge ist in § 242 Z.P.O. ein Fall gleichgestellt, der ebenfalls einen Uebergang der Sachlegitimation in sich birgt, ohne daß von Rechtsnachfolge im gewöhnlichen Sinne gesprochen werden kann: wir meinen den Fall des Eintritts der Nacherbfolge während des Prozesses über einen Gegenstand der Nacherbfolge, soferne der Vorerbe befugt war, ohne Zustimmung des Nacherben über den Gegenstand zu verfügen. Andernfalls wäre der Prozeß ohnehin, als inter alios geführt, dem Nacherben gegenüber unwirksam.

Hierzu bemerkt die Denkschrift: Der Nacherbe ist nicht Rechtsnachfolger des Vorerben, sondern des Erblassers. An sich wäre daher Eintritt des Nacherben in den von dem Vorerben geführten Prozeß ausgeschlossen; ebensowenig kann, da mit dem Eintritt der Nacherbfolge der Vorerbe aufhört, Erbe zu sein, der Streit diesem gegenüber sachlich zur Entscheidung gebracht werden. Es wird daher im Interesse aller liegen, wenn hier der Erbe, soweit nach § 326 Z.P.O. ein gegen den Vorerben ergehendes Urteil auch gegen den Nacherben wirken würde, ausnahmsweise so behandelt wird, wie wenn er Nachfolger des Vorerben wäre (cf. Seuffert zu § 242, R. Schmidt Anhang S. 107).

Endlich ist der Verlust der Sachlegitimation möglicherweise veranlaßt durch Singularsuccession, durch Rechtsnachfolge in ein bestehendes Rechtsverhältnis seitens eines Dritten. Dieser Fall hat in den §§ 265, 266 Z.P.O. eine besondere Regelung gefunden.

Auszugehen ist davon, daß die Sachlegitimation zwar mit der Veräußerung der res litigiosa verloren geht; denn es endigt damit die rechtliche Beziehung zwischen dem bisherigen Kläger bezw. Beklagten und dem Streitgegenstand, welche die Befugnis zur Geltendmachung im Prozeß bewirkte.

Es fehlt hierdurch dem Kläger oder Beklagten der subjektive Klagegrund und sie hätten aus dem Prozesse auszuscheiden, resp. der Prozeß wäre, sowie er anhängig ist, damit erledigt.

Allein eine solche Regelung hätte für den Prozeßgegner eine erhebliche Erschwerung der Sachlage zur Folge; er wäre schutzlos der schikanösen Veräußerung der Streitsache ausgesetzt.

Deshalb bestimmt § 265 Abs. 2 Z.P.O., im Gegensatze zum gemeinen Recht, es solle die Veräußerung der res litigiosa auf den schwebenden Prozeß keinen Einfluß haben; der Rechtsvorgänger ist nicht berechtigt, ohne Zustimmung des Gegners auszuscheiden, der Rechtsnachfolger den Prozeß als Hauptpartei an Stelle des Rechtsvorgängers zu übernehmen oder Hauptintervention zu erheben.

Das Eigentümliche dieser von Kohler mit Prozeßstandschaft bezeichneten Sachlage ist, daß trotz des Wechsels im materiellen Rechtsverhältnisse das prozessuale Verhältnis bestehen bleibt: der Veräußerer behält also das Recht zur klageweisen Geltendmachung eines Anspruchs, dessen Subjekt er nicht mehr ist und zu dem er auch sonst in keiner materiellrechtlichen Beziehung mehr steht; dem Rechtsnachfolger, der im übrigen als Subjekt des Anspruchs frei darüber verfügen kann, ist dagegen die Geltendmachung in diesem Prozesse versagt.

Ueber die Auffassung des § 265 Abs. 3 Z.P.O. herrscht Streit in der Doktrin: Gaupp-Stein auf der einen Seite vertritt die Ansicht, es werde in diesem Falle nicht der Rechtszustand zur Zeit der Urteilsfällung dem Urteile zu Grunde gelegt, sondern die zur Zeit der Veräußerung vorhandenen tatsächlichen und rechtlichen Voraussetzungen; daraus folge auch, daß das Urteil auf den Namen des Veräußerers zu stellen sei (so auch R.G. bei Gruchot 42, 955).

Trotzdem sagt Gaupp-Stein unmittelbar darauf, es lasse sich die Stellung des Rechtsvorgängers dahin bestimmen, daß er im eigenen Namen, aber für fremde Rechnung den Prozeß weiter führe, eine Prozeßform, die auch sonst nicht selten sei.

Folge dieser Stellungnahme ist, daß trotz der materiellen Wirksamkeit der Veräußerung dieselbe prozessual wirkungslos sein soll.

Auf der anderen Seite treten Eccius (preuß. Priv.-R. I Seite 799) und Kohler (über die Succession in das Prozeßverhältnis, gesammelte Beiträge zur Z.P.O. Seite 293 fg.) dafür ein, wenn die Z.P.O. neben den Satz von der materiellen Wirksamkeit der Cession den weiteren aufstelle, daß die Cession auf den Prozeß keinen Einfluß habe und der Cessionar regelmäßig nicht in den Prozeß eintrete, so heiße das nicht soviel, wie die Cession gilt für den zu entscheidenden Prozeß als nicht geschehen, sondern nur das Verfahren im Prozesse gehe ohne Rücksicht darauf, daß materiell die Cession voll wirksam sei, als ein Verfahren zwischen den ursprünglichen Parteien weiter; aber in der auf diese Art fortgehenden Prozeßführung sei für die Sachentscheidung auf die materielle Wirksamkeit der Cession ganz ebenso Rücksicht zu nehmen, wie wenn der Cessionar in den Prozeß eintrete.

Zweifellos sei, daß der Cedent seinen Antrag modifizieren könne auf die Leistung an den Cessionar; dadurch bleibe er noch gesetzlich Prozeßpartei; aber materiell führe er den Prozeß als Vertreter des Cessionars; damit seien aber auch Einreden aus der Person des Cessionars zulässig.

Man müsse aber auch soweit gehen, daß man in der Fortführung des Prozesses den Cedenten zwar zu allen eigentlichen Prozeßhandlungen für berechtigt erachte, ihm aber nicht das Recht einräume, auf den Anspruch des Cessionars zu verzichten oder darüber zu vergleichen.

Dieser letzte Satz scheint uns in Widerspruch zu stehen mit dem in § 265 Abs. 2 Satz 1 Z.P.O. aufgestelltem Prinzipe, daß die Cession auf den Prozeß keinen Einfluß habe. Denn nach richtiger Auffassung sind Vergleich, Verzicht und Anerkenntnis, im Prozesse vorgenommen, eben auch Prozeßhandlungen und wäre der Ausschluß derselben nach der Cession eine nicht unerhebliche Einschränkung der Prozeßführungsbefugnis, also doch ein Einfluß auf den Prozeß; so auch Bunsen: außer prozessualen Verfügungen trifft der Vorgänger mit Wirksamkeit für den Nachfolger in seiner Parteistellung auch materielle Verfügungen über das klagend geltend gemachte Recht, zu welchen er, abgesehen von dem Prozesse, nicht befugt wäre. Sind jedoch diese Handlungen absichtlich vorgenommen, um den Beklagten auf Kosten des Rechtsnachfolgers einen vom materiellen Rechtsstandpunkte aus ungerechtfertigten Vorteil zu verschaffen, so verpflichten solche Handlungen zum Schadenersatz.

Ein dritte Meinung äußert Rich. Schmidt (S. 887 fg.); er folgert daraus, daß § 236 Abs. 3, jetzt § 325 Z.P.O. bestimmte, daß das Urteil für und gegen den Rechtsnachfolger wirken solle, ergebe sich die Unmöglichkeit, daß der Gesetzgeber beabsichtigt habe, das Urteil auf den Namen des Rechtsnachfolgers gesprochen zu sehen. Dies könne vielmehr nur dahin verstanden werden, daß zwar der zu beurteilende Tatbestand durchaus nach Maßgabe der durch die Cession hergestellten Privatrechtslage geprüft werden [solle], daß aber die Feststellung des abgetretenen Anspruchs oder des Anspruchs an der veräußerten Sache auf den Namen des Cedenten, ehemaligen

Eigentümers erlassen werden solle, d. h. auf den Namen der ursprünglichen Partei, obwohl sie nicht mehr behauptet, Gläubiger ꝛc. zu sein.

Andrerseits will aber auch Schmidt Einreden aus der Person des Cessionars dann zulassen, wenn sie nach der Cession erworben wurden.

Unseres Erachtens schlägt diese Meinung Schmidts nicht durch. Ohne behaupten zu wollen, daß der Rechtsvorgänger das Urteil auf den Namen des Nachfolgers stellen lassen müsse, steht doch sicherlich nichts im Wege, daß er es kann; denn es bedeutet dies keine Klageänderung im Sinne des § 264, sondern eine Aenderung des Antrags nach § 268 Ziff. 2 Z.P.O.

Es ergibt sich dies ferner u. E. daraus, daß nach § 727 Z.P.O. vollstreckbare Ausfertigung auf den Namen des Rechtsnachfolgers erteilt werden kann. Was nach Urteilsfällung ohne weiteres möglich ist, kann doch bei Fällung desselben nicht völlig ausgeschlossen sein, zumal wenn es der einfachere Weg zum gleichen Ziele ist; cf. auch Petersen-Anger zu § 265: andrerseits darf Kläger verlangen, daß der Beklagte zur Leistung an den neuen Gläubiger verurteilt wird; er führt zwar den Prozeß im eigenen Namen weiter, ist aber verpflichtet, dem neuen Gläubiger gegenüber, dessen Rechte zu wahren; deshalb kann er Verurteilung in dieser Weise beantragen.

Siehe auch Wilmowski-Levy zu § 265, R.G. 40, 340, Eccius bei Gruchot 33, 730, Stegemann bei Busch XVIII, 1 fg.

Auch die Rechtsverschiebungen, welche zufolge der Begründung oder Beendigung eines ehelichen Güterstandes eintreten, sind als Veräußerungen im Sinne des § 265 zu betrachten, oder wenigstens nach Analogie derselben zu behandeln, so wenn bei Begründung des gesetzlichen oder eines vertragsmäßigen Güterstandes ein Rechtsstreit über ein zum eingebrachten Gut oder Gesamtgut gehörendes Recht zwischen der Frau und einem Dritten anhängig ist, ferner bei der Beendigung eines Güterstandes, wenn zwischem dem Manne und einem Dritten ein hier in Frage kommender Prozeß schwebt.

In allen diesen Fällen handelt es sich um Verlust der Sachlegitimation, der rechtlichen Beziehung, während des Prozesses; folglich bleibt in jenen Fällen die Frau, in diesen der Mann zur Fortsetzung berechtigt (ebenso Planck zu § 1472 Anm. 8; a. M. Hellwig, nach welchem für den Fall bei Beendigung der G.G. ein Prozeß schwebt, derselbe nach Analogie des § 242 Z.P.O. unterbrochen werden soll und Mann und

Frau prozessieren dann gemeinsam als Streitgenossen weiter; nehme man dies nicht an, so müßte entgegen § 1472 B.G.B. einer der Gesamthänder den Prozeß weiter führen.)

U. E. dürfte analoge Anwendung des § 265 Abs. 2 empfehlenswerter sein, nachdem für die entgegengesetzten Fälle, Eintritt des gesetzlichen bezw. vertragsmäßigen Güterstandes während eines Prozesses §§ 1407 Ziff. 1 und 1454 B.G.B. die Fortdauer der Prozeßführungsbefugnis der Frau allein ausdrücklich bestimmen.

Zusammenfassend sei also bezüglich § 265 Z.P.O. bemerkt: Verlust der Sachlegitimation infolge Singularsuccession ist auf den schwebenden Prozeß ohne Einfluß.

In § 265 handelt es sich aber nicht um nachträgliche Erstreckung der gegen den einen ergangenen Entscheidung auf einen anderen, sondern das maßgebende Urteil entscheidet direkt über das Recht des Erwerbers und dieser genießt und erleidet unmittelbar die Wirkungen der Feststellung, die sich auf die der Succession nachfolgende Zeit der letzten Tatsachenverhandlung bezieht.

Die ausgedehnte Wirkung des Urteils ist nur sekundäre Erscheinung davon, daß der Veräußerer das Recht zur Prozeßführung behält, obwohl er aufgehört hat, Subjekt des streitigen Rechtsverhältnisses zu sein.

Diese Wirkung, welche das inter alios bestehende Prozeßverhältnis auf den Dritten hat, ist primäre Folge der Succession in das streitige Rechtsverhältnis und Ausdehnung der Rechtskraft ist erst Konsequenz davon, daß das Urteil Endergebnis des Prozeßverhältnisses ist. (Hellwig.)

Andere sind die Wirkungen des Verlustes der Sachlegitimation, wenn die Voraussetzungen des § 265 Abs. 3 vorliegen d. h. Rechtsnachfolge auf Seiten des Klägers ohne Rechtskraft des Urteils für den Nachfolger eintritt.

Nach § 325 C.P.O. sind dies die Fälle, in denen der Neuerwerber ein originäres Recht an der Sache erhält, wie der gutgläubige Erwerber von einem Nichtberechtigten, der Wechselindossatar rc.

In diesen Fällen ist der Verlust der Sachlegitimation während des Prozesses nicht ohne Einfluß auf denselben, sondern es kann dem veräußernden Kläger nunmehr der Einwand der mangelnden Sachlegitimation entgegengehalten werden. Die ratio legis ist naheliegend; nachdem das ergehende Urteil keine Wirkung hätte gegen den, der das Streitobjekt tatsächlich in der Gewalt hat, kann dem Beklagten nicht zugemutet werden, einem nunmehr unbeteiligten Dritten im Prozesse gegenüberzustehen.

Eine weitere Besonderheit stellt § 266 Z.P.O. dar zu Gunsten der dinglich Berechtigten bezw. der Eigentümer belasteter Grundstücke. Das Gesetz geht hier offenbar davon aus, daß bei Streitigkeiten über das Bestehen oder Nichtbestehen eines Rechts an einem Grundstück die Person des Klägers oder Beklagten insoferne gleichgültig ist, als es sich eben nur um das Verhältnis derselben zum dienenden oder herrschenden Grundstück handelt; der Eigentümer oder sonst wie immer für das Grundstück Verantwortliche wird verurteilt. Dem wird bezüglich der Rechtskraft dadurch Rechnung getragen, daß das Urteil auch gegen den Rechtsnachfolger wirkt, wenn dieser die Rechtshängigkeit nicht gekannt hat (§ 325 Abs. 3). Dafür hat aber der Rechtsnachfolger das Recht und auf Antrag des Gegners die Pflicht, den schwebenden Prozeß als Hauptpartei, also unter Ausscheiden des bisherigen Klägers bezw. Beklagten zu übernehmen.

Auch hier kehrt die Frage wieder, deren schon oben bei Besprechung der Universalsuccession gedacht wurde, welche Bedeutung ein Urteil über die Sachlegitimation im schwebenden Prozesse hat[1]).

Wenn nämlich der Rechtsnachfolger in den Prozeß eintritt, sei es von selbst, sei es auf Antrag des Gegners und es wird ihm von seiten der früheren Prozeßpartei (in soferne unterscheidet sich die Sachlage hier von der früher erwähnten) das Recht zum Eintritt in den Prozeß streitig gemacht, so kommt es zu einem Zwischenurteil darüber, wer zur Sache legitimiert ist; denn es handelt sich nicht primär darum, wer Partei ist; jeder Teil behauptet Partei zu sein, der eine, weil er Subjekt des Anspruchs geworden ist, der andere, weil er es gewesen ist; mit Recht behauptet aber Schollmeyer, (Zwischenstreit S. 115), man wird für alle Fälle der Succession in die Parteirolle den allgemeinen Grundsatz aufstellen können, daß die substanziert und formgerecht abgegebene Behauptung einer Partei, jemand sei Partei oder zur Uebernahme einer Parteirolle verpflichtet, mit anderen Worten, das Vorgehen einer Partei, gegen eine andere Person als Partei, diese zur Partei mache und daß umgekehrt jemand durch sein Auftreten im Prozesse als Successor einer Partei zur Partei wird; es kann sich des-

---

[1]) cf. Juristische Wochenschrift 1903 Seite 153 u. neuerdings R.G. im Entsch.Bd. 54 Seite 120.

halb hier nur um die Frage, wer ist die richtige Partei, also um die Sachlegitimation, handeln.

Für den Fall nun, daß die Frage bestritten wird, ob der Uebernehmer einer Parteirolle dazu nach §§ 265 Abs. 3 oder 266 Z.P.O. wirklich berechtigt oder gar verpflichtet ist, soll es sich nach Schollmeyer (l. c. 116) immer um einen Zwischenstreit unter den Parteien handeln. Dem gegenüber behauptet Seuffert (Anm. 5 zu § 266), wie uns scheint mit Recht, der Streit über das Recht zur Uebernahme ist kein bloßer Zwischenstreit; denn die Entscheidung dreht sich nicht um eine prozessuale Befugnis, sondern um die dem materiellen Rechte angehörige Sachlegitimation des Dritten. Wenn, wie hier, unter Sachlegitimation, die auf Grund des materiellen Rechtsverhältnisses sich ergebende Befugnis, den fraglichen Anspruch klageweise geltend zu machen, verstanden wird, und sie sohin einen Teil des Klagegrundes in sich schließt, weil nur so der Kläger sein Recht zu klagen rechtfertigen kann, so ist dieser Entscheidung Seufferts voll beizupflichten.

Es wird in der Entscheidung über die Sachlegitimation des Erwerbers über das materielle Verhältnis desselben zum Klagegegenstand entschieden, folglich durch Endurteil. Die Entscheidung, welche die Uebernahme als unzulässig zurückweist, spricht dem Dritten die Sachlegitimation ab, ist daher für ihn Endurteil und selbständig anfechtbar; die Entscheidung dagegen, welche die Uebernahme gestattet, ist dem Veräußerer gegenüber Endurteil, da sie ihn aus dem Prozesse hinausweist; dem Gegner gegenüber Zwischenurteil, da sie im Verhältnis zu ihm den Prozeß nicht erledigt.

Ebenso Gaupp-Stein zu § 265 II S. 572, Kohler über die Succession in das Prozeßverhältnis.

b) Verhältnis zwischen § 265 Z.P.O. und Prozeßlegitimation.

Von unserer Definition der Sachlegitimation aus gliedert sich der § 265,2 Z.P.O. zwanglos als der Prozeßrechtssatz ein: der Verlust der Sachlegitimation ist auf einen schwebenden Prozeß in der Regel ohne Einfluß.

Die Berechtigung dieser Begriffsbestimmung scheint uns auch e contrario aus der Schwierigkeit begründet, die sonst § 265 Abs. 2 in seinem Verhältnisse zu diesem Begriffe mit sich bringt.

Ein Beweis hierfür sind die verschiedenen Werke Hellwigs.

In „Klagerecht und Klageanspruch“ (S. 129 Anm. 11) heißt es: „Nicht hierher“ i. e. zur Frage der Sachlegitimation, „gehört die Bestimmung, daß die veräußernde Partei ohne Rücksicht auf die Veräußerung den Prozeß mit Wirksamkeit gegen den Erwerber weiter zu führen hat. Dies beruht, im Gegensatze zu den übrigen Fällen der Sachlegitimation, nicht auf der materiellen Rechtslage, sondern steht im Widerspruche mit dieser. Denn die Veräußerung hat zivilrechtliche Wirkung; der Kläger ist nicht mehr der Berechtigte und hat nicht mehr die Macht, zivilrechtlich über die Sache zu verfügen. Obgleich also die Sachlegitimation verloren gegangen ist, kann der daraus sich ergebende Einwand dem Veräußerer in der Regel nicht entgegengesetzt werden; die Legitimation zur Prozeßführung deckt sich hier mit der zivilen Rechtszuständigkeit nicht; sie beruht auf einem singulären Rechtssatze.“

Diese Auffassung entspricht in ihren Grundzügen der hier vertretenen Meinung.

In „Wesen und subjektive Begrenzung der Rechtskraft“ dagegen findet sich zu § 265 u. a.: „bei der Frage, ob man sagen darf, daß der Veräußerer auch die Sachlegitimation noch weiter besitze, kommt es darauf an, was man darunter versteht.

Bezeichnet man damit nur das Berechtigtsein an dem abzuurteilenden Objekte, so fehlt sie nach der hier vertretenen Auslegung des § 265.

Aber vielfach wird auch derjenige, der kraft seines zivilen Verwaltungsrechtes zur Prozeßführung über fremdes Recht befugt ist, als zur Sache legitimiert bezeichnet, wie man umgekehrt dem Berechtigten, dem das Verwaltungsrecht und sohin auch das Recht zum Prozesse fehlt, die Sachlegitimation abspricht; gebraucht man den Ausdruck in diesem Sinne, so würde nichts im Wege stehen, dem Veräußerer die Sachlegitimation zuzusprechen, wie wenn er eben ein ziviles Verwaltungsrecht hätte.

Nun gibt es noch eine dritte Gruppe von Fällen, denen gemeinsam ist, daß eine Partei, die nicht die Berechtigte aus einem Verwaltungsrecht ist, mit Wirksamkeit gegen den Berechtigten prozessiert. Dazu gehört § 265 Z.P.O.; man kann also nur von einer Prozeßführungsmacht, nicht von einem Prozeßführungsrecht sprechen. Will man in allen diesen Fällen die Wirksamkeit der Prozeßführung (gegenüber dem Berechtigten) damit beschreiben, daß man diesem, zivilrechtlich in keiner Weise Berechtigten die Sachlegitimation zuschreibt, so läßt sich dies, da, soviel ich sehe, in dem jetzigen Reichsrecht der Begriff nirgends festgelegt ist, nicht als falsch bezeichnen."

Unsers Erachtens ist dies doch eine recht eigentümliche, kautschukartige Dehnbarkeit eines und desselben Begriffes.

Schließlich wird, wie schon früher erwähnt, in dem Lehrbuch des Prozesses unter dem Begriffe Prozeßführungsrecht (im Gegensatz zur subjektiven Rechtszuständigkeit = Sachlegitimation) sowohl das Recht eines Dritten im eigenen Namen zu verfügen (Ehemann), als auch das von einem Verwalter in fremdem Namen auszuübende Recht, sowie der § 265 zusammengefaßt.

Daß das Verhältnis des kraft eigenen Rechts klagenden Ehemannes zum Streitgegenstand ein anderes sein muß als die materiell rechtlich vollständig gegenstandslose Beziehung des früheren Subjekts zu demselben, liegt auf der Hand.

Aber auch der Verwalter fremden Vermögens, der, wie wir gesehen haben, die Prozeßlegitimation hat, (in diesem Sinne haben wir von Prozeßführungsmacht gesprochen), steht u. E. nicht in gleicher Position, wie der Rechtsvorgänger im schwebenden Prozesse, wenn auch die Wirkung, nämlich Rechtskraft für und gegen den zur Sache Legitimierten die gleiche ist.

Nach unserer Auffassung verliert der Erbe, der Kridar rc. durch Eintritt der Verwaltung die Sachlegitimation nicht, sondern nur das Recht, die Befugnis, welche sie mit sich bringt, auszuüben.

Der Rechtsvorgänger verliert dagegen gerade in umgekehrter Weise, wie wir oben sahen, die Sachlegitimation; behält aber die daraus sich ergebende Befugnis zur prozessualen Geltendmachung des fraglichen Anspruchs.

Aus dieser Verschiedenheit der rechtlichen Grundlage ergibt sich u. E. die Unmöglichkeit, beide Fälle prozessual gleichzustellen.

C. Besonders wichtige Fälle der Sachlegitimation.

I. Eheliches Güterrecht.

1. Gesetzlicher Güterstand.

Die Prozeßführung wird im B.G.B. grundsätzlich als Verwaltungsakt betrachtet; es ist deshalb reine Folge aus § 1363 B.G.B., wenn für die Verwaltungsgemeinschaft dem Manne in § 1380 die Befugnis erteilt wird, ein zum eingebrachten Gut gehörendes Recht im eigenen Namen geltend zu machen.

Der Mann hat also unbestrittenermaßen die Aktivlegitimation über das eingebrachte Gut; denn es ist sein eigenes Recht an dem Gegenstande, welches er geltend macht; er ist selbst Partei, außer wenn er, was natürlich möglich ist, als Vertreter der Frau prozessiert, mit Vollmacht derselben.

Ferner ist zweifellos, daß der Mann ausschließlich die Aktivlegitimation besitzt; denn Prozesse der Frau, ohne Zustimmung des Mannes, sind unwirksam. (§ 1400 Abs. 2 B.G.B.)

Trotzdem hat der Mann kein Verfügungsrecht, wie § 1375 B.G.B. ausdrücklich betont, und auch Urteile wirken dann nur ohne weiteres gegen die Frau, wenn der Mann ausnahmsweise befugt ist, über den Streitgegenstand ohne Zustimmung der Frau zu verfügen; auch hierin liegt der deutliche Beweis, daß Aktivlegitimation und Verfügungsbefugnis nicht, wie so vielfach behauptet wird, identisch sind; der Mann ist gerade bezüglich der Verfügungen im größten Maße gebunden an die Zustimmung der Frau, nicht aber für die Prozeßführung.

Andrerseits fehlt aber auch der Frau die selbständige Verfügungsbefugnis; sie ist wiederum von der Zustimmung des Mannes abhängig; § 1395 B.G.B.; es scheint uns außer Zweifel, daß gerade beim gesetzlichen Güterstande Sachlegitimation und Verfügungsbefugnis durchaus verschiedene Wege gehen.

Allerdings ist nicht unbestritten, was der Ehemann beim gesetzlichen Güterstand in einem Aktivprozeß geltend macht, ob sein eigenes Recht i. e. das Recht, das sich für ihn aus dem Verwaltungs- und Nutzungsrechte am eingebrachten Gut ergibt, oder aber das durch ihn geltend zu machende Recht der Frau.

Planck[1]) nennt die Klage des Mannes eine der actio confessoria des Nießbrauchers entsprechende, gerichtliche Geltendmachung des dem Manne zustehenden Verwaltungs- und Nutzungsrechtes und meint, daß dieses Recht in Beziehung auf das geltend gemachte Recht der Frau Prozeßgegenstand sei.

Ebenso Hachenburg[2]) (S. 420): Was der Ehemann in seiner Klage geltend macht, ist gar nicht das Eigentum, die Dienstbarkeit u. s. w., sondern sein Nießbrauch daran, dessen Durchfechten allerdings, wie in allen ähnlichen Fällen, den Nachweis des zu Grunde liegenden Rechtes erfordert.

Wäre dem so, dann könnte § 1380 nicht wohl sagen, ein „zum eingebrachten Gut gehörendes" Recht könne der Mann in eigenem Namen geltend machen, er würde sonst die

---

[1]) Planck, Kommentar zum B.G.B. zu § 1380.
[2]) Hachenburg: Vorträge 2. Auflg. Mannheim.

ziemlich selbstverständliche Tatsache, daß der Mann „das am eingebrachten Gut ihm zustehende Recht“ im eigenen Namen geltend mache, betonen, ohne daß damit einem Bedürfnisse entsprochen wäre; denn daß das Subjekt eines Anspruchs denselben klageweise geltend machen kann, bräuchte an dieser Stelle keiner gesonderten Feststellung.

Es wird in diesen Prozessen auch nicht das Verwaltungs- und Nutznießungsrecht des Mannes Klagegrund, etwa für einen Herausgebeanspruch sein, sondern die rei vindicatio, die der Frau im Grunde genommen zusteht, macht der Mann geltend; der Eigentumsanspruch der Frau ist Klagegrund und Legitimationspunkt das Verwaltungsrecht des Mannes.

cf. im übrigen Hellwig, Klagerecht S. 302 fg.; Binder, Prozeßführung und Verfügungsmacht S. 119; 123, Meikel, Bl. f. R.A. 65,155.

Von diesem Standpunkte aus erhebt sich dann weiter die recht bedeutungsvolle Frage, welche Wirkung die Zustimmung der Frau zum Prozesse des Mannes hat. Unserer Meinung nach gibt die Zustimmung der Frau dem Manne auch in diesem, wie in jedem anderen Falle, das Recht der Verfügung über den Streitgegenstand, mit Wirkung für und gegen die Frau. Der Prozeß ist im allgemeinen gegenüber der Verfügung ein minus kein aliud; denn man kann auch in Form und durch das Mittel des Prozesses verfügen.

Der Prozeß wird dadurch wirksam für und gegen die Frau, eine Wirkung, die für die Fälle schon ohnehin im Gesetze festgelegt ist, in denen der Mann der Zustimmung nicht bedarf und die man nach der ganzen Stellung des Mannes überhaupt erwarten sollte.

Planck will diese Folge deshalb vermieden sehen, weil dadurch der Beklagte in eine schlechte Lage versetzt würde, indem es die Frau in der Hand habe, jederzeit durch Einwilligung bzw. die derselben gleichstehende Genehmigung den für sie günstigen Verlauf des Prozesses sich nutzbar zu machen. Planck spricht deshalb der Zustimmung der Frau zum Prozesse des Mannes jede rechtliche Bedeutung ab.

Binder l. c. S. 133 äußert dazu, es ist nicht einzusehen, warum der Mann, der mit Zustimmung der Frau ein Recht derselben aufgeben kann, dies nicht auch in Form des Prozesses soll tun können und noch weniger, warum er nicht imstande sein soll, mit ihrer Zustimmung einen Prozeß über ein Recht zu verlieren, das er zwar für das eingebrachte Gut in Anspruch genommen hat, das aber in Wahrheit nicht dazu gehört. Ist die Prozeßführung nicht Verfügung, so sollte argumento a maiori ad minus die Zustimmung der Frau umsomehr die Bedeutung haben, die ihr bei der Verfügung zukommt.

Insoweit ist Hellwig durchaus zuzustimmen, sagt Binder, aber diese Erwägung verliert ihre Kraft gegenüber dem Gesetze. § 1375 B.G.B. sieht die Zustimmung der Frau nur gegenüber Verfügungen als erheblich an; der Prozeß ist keine Verfügung und folglich kann die Zustimmung seine rechtliche Tragweite nicht beeinflussen.

Allein die Unrichtigkeit der Folgerung ergibt sich u. E. unmittelbar aus § 1400 Abs. 1 e contrario. Wenn die Zustimmung des Mannes zum Prozesse der Frau Wirkung hat auf die Tragweite des Urteils, warum sollte das Gegenteil denn so strikte ausgeschlossen sein?

Weiter glauben wir so argumentieren zu dürfen: der Mann bedarf der Zustimmung nur zu Verfügungen; die Prozeßführung ist dagegen Verwaltungsakt. Den Verwaltungshandlungen, die der Mann der Regel nach ohne Zustimmung der Frau, aber mit Wirkung für und gegen dieselbe vornimmt, § 1374 B.G.B., sind deshalb die Verfügungen in § 1375 B.G.B. ausdrücklich gegenübergestellt. Wenn aber Prozeßführung im Sinne des § 1380 B.G.B. keine Verfügung, sondern nur Verwaltungsakt wäre, dann wäre der Mann an sich dazu mit Wirkung gegen die Frau berechtigt; denn auch seine übrigen Verwaltungshandlungen haben ja Wirksamkeit gegen die Frau; also muß der Gesetzgeber, was auch der Gegensatz zu Satz 2: ist er befugt, ohne Zustimmung zu verfügen, erweist, in diesem Falle im Auge gehabt haben, daß die Prozeßführung Verfügung sei.

Und auch umgekehrt: Verwaltungsrecht hat die Frau bezüglich des eingebrachten Gutes nicht; Verfügungsrecht nach § 1395 fg. nur mit Zustimmung des Mannes; wenn nun § 1400 Abs. 2 auch Geltendmachung im Prozesse von Zustimmung des Mannes abhängig macht, liegt der Schluß nahe, daß hierunter gleichfalls eine Verfügung verstanden wird.

Diese Sachlage rechtfertigt daher u. E. vollständig den Standpunkt Hellwigs in dieser Frage. Die Rechtserheblichkeit der Zustimmung würde auch den sonderbaren Zustand, daß der Mann allein Aktivlegitimation hat, aber gleichwohl kein gegen die Frau wirksames Urteil erzielen kann, einigermaßen ausgleichen.

Ausnahmen von dieser Regelung der Aktivlegitimation enthalten die §§ 1401, 1405, 1407 B.G.B., durch welche der

Frau in einzelnen Fällen, besonders wenn sie Geschäftsfrau ist, die Prozeßführungsbefugnis auch ohne Zustimmung des Mannes gegeben ist. Für den Begriff der Sachlegitimation enthält dies durchaus nichts widersprechendes: Der Mann hat in Bezug auf das eingebrachte Gut ein weitgehendes Verwaltungs- und Nutzungsrecht, und darin seine rechtliche Beziehung, die im Prozesse Sachlegitimation genannt wird; die Frau dagegen ist und bleibt Eigentümerin des eingebrachten Guts und die hieraus folgenden Befugnisse treten dann naturgemäß sofort in Wirkung, sobald das sie beengende Recht des Mannes zessiert oder nicht ausgeübt werden kann.

Ganz anders wie für Aktivprozesse ist die Regelung von Passivprozessen erfolgt; die Frau hat unbedingte Passivlegitimation, sie bleibt eben Subjekt ihres Vermögens, also auch Schuldnerin ihrer Gläubiger. Die Interessen des Mannes, die seinem Verwaltungs- und Nutzungsrechte entsprechen, werden dagegen dadurch gewahrt, daß das ergehende Urteil dem Manne gegenüber, d. h. im Verhältnisse zum eingebrachten Gute, nur wirksam ist, wenn er der Prozeßführung zugestimmt hat, § 1400 Abs. 1, abgesehen von den Fällen, wo die Frau auch ohne Zustimmung des Mannes verfügen kann. Hier kann sich der Mann, wie Planck auch zugibt, die für ihn günstige Wirkung des Urteils durch nachträgliche Genehmigung sichern.

Zur Vollstreckung in das eingebrachte Gut verlangt § 739 Z.P.O. nicht nur Zustimmung des Mannes zum Prozesse der Frau, sondern Verurteilung des Mannes zur Duldung der Zwangsvollstreckung.

Durch diese Regelung, die Notwendigkeit der Zustimmung zur Wirksamkeit und der Verurteilung zur Duldung für die Vollstreckung soll verhindert werden, daß nicht das Recht des Mannes durch Passivprozesse verkürzt wird, soweit durch das Urteil Wirksamkeit und Vollstreckung gegen das seiner Nutzung unterliegende Vermögen erstrebt wird.

2. Gütergemeinschaft.

Wesentlich einfacher als beim gesetzlichen Güterstande liegt die Frage der Sachlegitimation bei der allgemeinen Gütergemeinschaft.

Obwohl, wie schon der Name sagt, Subjekt des Gesamtguts beide Ehegatten sind, hat der Mann durch § 1443 B.G.B. eine weitaus überwiegende Rechtsstellung erhalten, die ihm die Sachlegitimation für den Regelfall ausschließlich zusichert.

Das Gesamtgut wird als einheitliches Vermögen im Eigentum der Ehegatten nach dem Prinzipe der Gesamthand behandelt; der Mann verwaltet aber dieses Vermögen im eigenen Namen, kraft eigenen Rechts, nicht im Namen der Frau oder im Namen beider.

Darin liegt der Unterschied zur oben geschilderten Rechtslage der Verwalter abgesonderter Vermögensmassen: bei letzteren geschieht die Verwaltung nicht eigenen Namens, nicht im eigenen Interesse, nicht mit Wirkung für und gegen sie selbst; das Verhältnis ist vielmehr ein rein tatsächliches, darauf beruhend, daß gerade der Streitgegenstand zu dem ihrer Verwaltung unterstehenden Vermögen gehört.

Ganz anders hier: der Ehemann ist pro parte indivisa nach §§ 1442 B.G.B. und 860 Z.P.O. Subjekt des Gesamtguts, aber mit einem noch darüber hinausreichenden Verwaltungsrechte über das ganze Gesamtgut versehen, so daß er das Recht hat, die Gesamtgutsgegenstände zu besitzen, darüber zu verfügen und die auf das Gesamtgut bezüglichen Rechtsstreitigkeiten in eigenem Namen zu führen, dadurch erscheint er in der Tat nach außen als alleiniger Herr desselben.

Wie für den gesetzlichen Güterstand gilt auch für die allgemeine Gütergemeinschaft, daß die Frau, als solche, weder in der Geschäfts- noch in der Prozeßfähigkeit beschränkt ist. Allein es ist natürliche Folge des ausschließlichen Verwaltungsrechts des Mannes, daß die Frau in dem gleichen Umfange, als die Stellung des Mannes überwiegt, vom Einflusse auf das Gesamtgut ausgeschlossen ist.

Im Gegensatze zum gesetzlichen Güterstande wirkt ein Urteil, das in Ansehung des Gesamtguts gegen den Mann ergangen ist, auch für und gegen die Frau § 740 Z.P.O. und nur zu gewissen rechtsgeschäftlichen Verfügungen nach §§ 1444 bis 1446 bedarf der Mann der Einwilligung der Frau.

Gleichfalls im Gegensatz zur Verwaltungsgemeinschaft sind hier Aktiv- und Passivlegitimation vollständig einander gleichgestellt.

Man hat mit Recht die Stellung des Ehemanns verglichen mit der des allein vertretungsberechtigten Gesellschafters einer offenen Handelsgesellschaft, naturgemäß mit der Modifikation, daß das Gesamtgut nicht als solches klagen oder verklagt werden kann.

Ausnahmen von diesen Grundsätzen, wonach die Frau ein selbständiges Klagerecht hat, sind im wesentlichen die nämlichen, wie für die Aktivlegitimation der Frau beim gesetzlichen Güterstande: § 1449 entsprechend §§ 1407 Z. 3, 1452 gegenüber 1405, 1454 zu 1407 Z. 1, dagegen zeigen die dem Inhalt nach sich auch entsprechenden §§ 1450 und 1401 einen bemerkenswerten Unterschied: das Recht des Mannes bei der allgemeinen Gütergemeinschaft ist so abgerundet, selbständig, daß auch die Frau in Notfällen den Mann in der Geltendmachung seines Verwaltungsrechtes vertreten kann; sie kann in solcher Lage Prozesse im Namen des Mannes mit Wirkung für das Gesamtgut führen, sie übt das Verwaltungsrecht des Mannes als seine Stellvertreterin aus. Gerade hierin scheint uns der Unterschied zwischen Prozeßführungsmacht legitimatio ad processum und Sachlegitimation am klarsten hervorzutreten, weil beide derselben Person alternativ unter Betonung verschiedener rechtlicher Beziehungen zur Verfügung stehen.

Führt die Frau den Rechtsstreit im eigenen Namen, so kommt ausnahmsweise ihre Rechtsbeziehung zum Gesamtgut, als Subjekt desselben neben dem Mann, ihre Sachlegitimation zum Durchbruch; sie hat die Aktivlegitimation, wie sie sonst der Mann hat, weil sie auf Grund ihrer rechtlichen Beziehung zum Streitgegenstand zu prozessualer Geltendmachung im eigenen Namen befugt ist, in gleicher Weise, wie nach § 1401 für den gesetzlichen Güterstand.

Führt sie aber, wie es nach der zweiten Alternative des § 1450 B.G.B. möglich ist, den Rechtsstreit im Namen des Mannes, dann übt sie dessen Sachlegitimation, bezw. die Befugnis, die sich für den Mann als Mitsubjekt und Verwalter des Gesamtguts ergibt, an seiner Statt aus; sie ist Stellvertreterin des Mannes kraft Gesetzes, für ihn zum Prozeß legitimiert.

Mit der Beendigung der Gütergemeinschaft endigt auch das Verwaltungsrecht des Mannes; während des Auseinandersetzungsverfahrens sind nur beide Ehegatten gemeinschaftlich zur Sache legitimiert; sie müssen mit einander klagen und verklagt werden; aus dem Gesamthandsverhältnisse ist eine Gemeinschaft nach Bruchteilen worden. (§ 1472 B.G.B.)

Bei der fortgesetzten Gütergemeinschaft ist die Sachlegitimation genau in der gleichen Weise geregelt, wie während der bestehenden Ehe; denn nach § 1487 Abs. 1 Satz 2 hat der überlebende Ehegatte die rechtliche Stellung des Mannes, die anteilsberechtigten Abkömmlinge die der Frau bei bestehender Ehe.

Ebenso finden auf das Gesamtgut der Errungenschafts- bezw. Fahrnis-Gemeinschaft dieselben Grundsätze Anwendung, die für die allgemeine Gütergemeinschaft gelten; §§ 1519, 1549

B.G.B. während das eingebrachte Gut in beiden Fällen für Rechnung des Gesamtguts durch den Ehemann in gleicher Weise verwaltet wird, wie beim gesetzlichen Güterstande. §§ 1525, 1550 B.G.B.

Ueberall also im ehelichen Güterrecht, mit Ausnahme natürlich der Gütertrennung, finden wir dasselbe Prinzip, daß der Mann gegenüber der Frau eine solch überwiegende Rechtsstellung erhält, die für ihn auch die Sachlegitimation gegenüber dem Subjekte oder doch Mitsubjekte begründet.

II. Verwalter fremden Vermögens.

1. Testamentsvollstrecker.

Wir haben zwar schon im Verlaufe der bisherigen Darstellung Veranlassung nehmen müssen, auf die rechtliche Stellung der Verwalter von Vermögensmassen einzugehen; allein es scheint doch angebracht, die einzelnen Erscheinungsformen etwas näher zu betrachten, da sie einerseits in der rechtlichen Beurteilung durchweg bestritten sind, andererseits in ihren wesentlichen Anwendungsfällen Testamentsvollstrecker, Nachlaßpfleger, Nachlaßverwalter und Konkursverwalter in prozessualer Richtung wiederum Verschiedenheiten aufweisen.

Als Aufgaben des Testamentsvollstreckers bezeichnen die §§ 2203/4 B.G.B. Ausführung der letztwilligen Verfügungen des Erblassers und Auseinandersetzung zwischen mehreren Erben; zur Erreichung dieser Zwecke überläßt ihm § 2205 Verwaltung und Verfügung über den Nachlaß; allerdings hat der Testamentsvollstrecker für den Normalfall das Verwaltungsrecht nur insoweit, als seine Aufgaben es erfordern.

Dagegen gibt § 2209 die Möglichkeit, ein selbständiges Verwaltungsrecht für den Testamentsvollstrecker zu schaffen; parallel diesem Verwaltungsrecht läuft die Verfügungsentziehung für den oder die Erben.

Trotzdem in der Verwaltungsbefugnis prinzipiell schon das Recht zur Prozeßführung mitenthalten ist, und obwohl auch die Verfügungsbefugnis ausdrücklich den Erben schon entzogen ist, hat der Gesetzgeber in den §§ 2212 und 2213 die Prozeßführungsbefugnis noch einer besonderen Regelung unterworfen.

Den dem Institute des Testamentsvollstreckers zu Grunde liegenden Rechtsgedanken bezeichnet Kiehl (l. c.) dahin: Wenn das Recht einmal der Entwicklung der Person die freieste Verfügung über ihr Vermögen zugesteht, auch über den Tod hinaus, so mußte es auch Mittel und Wege zur Verwirklichung schaffen; dazu gehören: die letztwillige Verfügung zur Willenserklärung, zur Willensdurchsetzung der Testamentsvollstrecker.

Was nun die rechtliche Stellung[1]) desselben betrifft, so besteht Meinungsverschiedenheit darüber, ob er bei Verfügungen über Nachlaßgegenstände in eigenem oder fremdem Namen handelt, bezw. wen er dabei vertritt:

1. wird er angesehen als Vertreter des Erblassers; allein nach dem geltenden Systeme der direkten Stellvertretung kann eine nicht mehr lebende Person gar nicht vertreten werden.
2. wird er schlechthin als Vertreter des Erben bezeichnet; allein auch dies ist mit dem Vertretungsgedanken des geltenden Rechts nicht vereinbar, wie sich aus den Folgen schließen läßt, wenn aus den Verpflichtungen des Testamentsvollstreckers Nachlaßverbindlichkeiten entstehen, während aus den vom Erben eingegangenen Verpflichtungen grundsätzlich persönliche Verpflichtungen entspringen.
3. Vertreter des Nachlasses kann er nicht sein, weil dieser nicht vertretungsfähig, keine juristische Person ist.
4. der Testamentsvollstrecker hat die Befugnis zu eigenem Recht und übt sie daher auch eigenen Namens und zwar auf Grund des vom Gesetz getragenen letzten Willens des Erblassers zum Zweck der Erfüllung desselben aus.

Diesen Standpunkt Strohals (cf. auch Seuffert, Archiv Bd. 57 S. 415, Urteil d. O.L.G. Hamburg vom 6. November 1901) können wir insoweit nicht teilen, als er von einem eigenen Recht des Testamentsvollstreckers spricht; denn dies sog. eigene Recht des Vollstreckers ist das Verwaltungsrecht desselben und berechtigt ihn eventuell zur Besitzergreifung, begründet aber keine materiell rechtlichen Beziehungen zu den einzelnen Nachlaßgegenständen und Nachlaßansprüchen; diese bleiben fremdes Vermögen; dem Testamentsvollstrecker fehlt jedes persönliche Interesse daran; er übt fremde Rechte im Interesse anderer aus; seine Willenserklärungen treffen nicht sein, sondern unmittelbar ein fremdes Vermögen; er ist Stellvertreter im Umfange seines Verwaltungsrechts.

Damit stimmen auch die Motive (V, 236) überein: soweit das Verwaltungsrecht des Testamentsvollstreckers reicht, ist dem Erben die Verfügung entzogen; es fehlt ihm das

---

[1]) cf. Strohal, Erbrecht.

Prozeßführungsrecht, aber nicht die Sachlegitimation; insoweit ist der Verwalter Vertreter des Erben.

Bezüglich des Begriffs „Amt" können wir auf unsere früheren Ausführungen verweisen. cf. Strohal, Jaeger Erbenhaftung S. 14; Schmidt S. 152.

Die Sachlegitimation[1]), die rechtliche Beziehung zum Nachlaß, welche die Befugnis der prozessualen Geltendmachung mit sich bringt, bleibt bei dem Erben; allein derselbe kann sie nach § 2212 nicht ausüben und die Ausübung geschieht deshalb durch seinen Vertreter, den Testamentsvollstrecker.

Die Geltendmachung für den Nachlaß steht dem Testamentsvollstrecker ausschließlich zu; die Geltendmachung passiver Nachlaßverbindlichkeiten ist auch gegen den Erben zulässig und vollstreckbar, wenn und soweit der Erbe auch persönlich haftet; zur Vollstreckung in den Nachlaß ist dagegen in jedem Falle ein Urteil gegen den Testamentsvollstrecker notwendig, entweder durch direkte Klagestellung gegen ihn oder doch durch Klage auf Duldung der Zwangsvollstreckung neben der Klage gegen den Erben.

Es erklärt sich eben daraus, daß die Vertretung der Erben durch den Testamentsvollstrecker sich einerseits auf den Nachlaß beschränkt und andrerseits die Prozeßunfähigkeit des Erben, von der die Motive zu § 1901 reden, nicht zur Folge hat. Wir verweisen hierüber auf frühere Ausführungen.

Diese Regelung der Aktiv- und Passivlegitimation ähnelt der Stellung des Ehemanns beim gesetzlichen Güterstande, allein eben mit dem gewaltigen Unterschiede, daß den Ehemann, mag er klagen oder verklagt werden, seine eigene, rechtliche Beziehung zur Sache legitimiert, dem Verwalter dagegen ein tatsächliches Verhältnis, die Zugehörigkeit des Streitgegenstands zu dem seiner Verwaltung unterstehenden Nachlasse, die Prozeßlegitimation verleiht.

Bei dieser Sachlage ist zweifellos, daß Partei allein der Erbe sein kann; auch diesbezüglich können wir auf schon Gesagtes uns berufen. cf. im übrigen Cosack II, 395, Jaeger, Erbenhaftung, Arnold, der Testamentsvollstrecker S. 57 fg. Aus diesem Grunde erscheint die Bestimmung des § 327 Z.P.O., die eine bloße Folge des in § 325 aufgestellten Prinzips darstellt, wie Gaupp-Stein zuzugeben ist, ziemlich überflüssig; daß sie es nicht vollständig ist, zeigt der Streit über

---

[1]) cf. insbes. Fuchs, l. c.

den „Partei"begriff und über die Rechtskraftwirkung der Urteile im Prozesse des Konkursverwalters für und gegen den Gemeinschuldner, für den eben keine Sonderbestimmung im gleichen Sinne aufgestellt ist.

Die Auffassung, daß der Testamentsvollstrecker Partei sei und seine Befugnis zu eigenem Rechte habe, muß nach ihrer Vertretung in der zivil- wie prozeßrechtlichen Literatur als die herrschende bezeichnet werden cf. Planck Kommentar, Strohal, Böhm, das Recht 1900 S. 289, Bunsen l. c. Hellwig, Gaupp-Stein u. a., wenn auch zum Teil mit verschiedener Begründung.

Allein, wie bereits dargetan, ist diese Annahme u. E. mit dem Parteibegriff der Z.P.O. und dem Begriff der Sachlegitimation unvereinbar. Hätte der Testamentsvollstrecker die Sachlegitimation, dann hörte sie auf subjektiver Klagegrund zu sein. Dann wäre mit gleichem Rechte auch der Vormund im Prozesse des Mündels zur Sache legitimiert; denn materiellrechtlich kann zwischen diesen beiden Vertretern dritter Personen kein Unterschied gemacht werden; prozessual ist allerdings festzuhalten, daß der eine einen prozeßfähigen, der andere einen prozeßunfähigen Kläger oder Beklagten vertritt; davon kann aber ihr Verhältnis zum Streitgegenstand nicht berührt werden. Vielmehr klagt der Vormund im Namen des Mündels, als des Subjekts des Mündelvermögens, wie der Testamentsvollstrecker, namens des Erben als Subjekts des Nachlasses oder vielleicht namens des Nachlasses, i. e. seines Subjekts, des Erben Klage erheben muß.

2. Nachlaßpflegschaft.

Anders geartet, als die Testamentsvollstreckung, ist der Charakter der Nachlaßpflegschaft nach § 1961 B.G.B.

Entscheidend ist, daß ihre Aufgaben ausschließlich in der Wahrung der Interessen einer bestimmten Person oder doch eines bedingt bestimmten Personenkreises bestehen; dadurch liegt ihr Charakter als Vertretung klar zu Tage.

Hinsichtlich der den Nachlaß betreffenden Rechtsstreitigkeiten ist der Nachlaßpfleger passiv zum Prozesse legitimiert, wie sich aus §§ 1960 Abs. 3 und 1961 B.G.B. ergibt.

Die Legitimation zur Führung von Aktivprozessen bringt die Aufgabe, für die Sicherung des Nachlasses zu sorgen, mit sich; sie ist insoferne keine ausschließliche, als der Erbe, wenn er bekannt und zur Stelle ist, da er mit dem Anfalle der Erbschaft Subjekt derselben geworden, die Aktivlegitimation besitzt und, Geschäfts- und Prozeßfähigkeit nach den allgemeinen Grundsätzen vorausgesetzt, auch Aktivprozesse vor der Ausschlagung führen darf. (§ 1959 Abs. 1.)[1])

Wird jedoch ein Pfleger aufgestellt und führt nun der Pfleger einen Aktivprozeß, so steht der Erbe für den Rechtsstreit nach § 53 Z.P.O. einer nicht prozeßfähigen Person gleich; daraus ergibt sich eine Prozeßführungsmacht des Pflegers für Aktivprozesse, die neben der unbeschränkten Aktivlegitimation des Erben herläuft und für die allein maßgebend ist, daß der Testamentsvollstrecker vor dem Erben den Prozeß beginnt; sobald der Erbe den Prozeß führt, versagt natürlich § 53 Z.P.O.

Damit ist aber auch klar, daß der Nachlaßpfleger keine Sachlegitimation hat, sondern nur Prozeßführungsmacht wie der Vormund; denn im Prozesse des Pflegers steht ja der Erbe einem Minderjährigen gleich.

Die Nachlaßpflegschaft ist eben in jedem Fall cura personae, nie cura rei, weil der Erbschaftserwerb mit dem Tode von Rechtswegen eintritt; es gelten auch im übrigen, abgesehen von Sonderbestimmungen, die allgemeinen Sätze über Pflegschaft, und für diese subsidiär die Bestimmungen über die Vormundschaft gemäß § 1915 B.G.B.

3. Nachlaßverwaltung.

Aus diesem letzt erwähnten Wesen der Pflegschaft scheint uns ein gewisser Gegensatz zwischen Nachlaßpflegschaft und Nachlaßverwaltung hervorzugehen.

§ 1960 Abs. 2 B.G.B. sagt ausdrücklich, das Nachlaßgericht kann „für denjenigen, welcher Erbe wird" einen Pfleger bestellen; und wenn auch § 1961, dem Verkehrsbedürfnis Rechnung tragend, den Nachlaßgläubigern, die nach § 1958 vor der Erbschaftsannahme an der Klage gegen die Erben gehindert sind, ein Antragsrecht zuspricht, so überwiegt doch die Stellung des Nachlaßpflegers in der Aufgabe, für den abwesenden, für den unbestimmten, für den noch schwankenden Erben die notwendigen Erbschaftsgeschäfte vorzunehmen.

Wesentlich anders bei der Nachlaßverwaltung. Ueber die Person des Erben besteht hier in der Regel kein Zweifel mehr[2]); denn tatsächlich sind hier die Verhältnisse regelmäßig so gelagert, daß der Erbe bereits angenommen hat oder im

---

[1]) cf. Seufferts Archiv, Band 58 S. 202.
[2]) cf. Planck, Kommentar z. B.G.B. § 1981, Anm. 4.

Antrag auf Nachlaßverwaltung annimmt; auch Nachlaßgläubiger haben keinen Anlaß, vor Annahme der Erbschaft die Nachlaßverwaltung herbeizuführen, weil ihren Ansprüchen durch Nachlaßpflegschaft schon genügt wird.

Es kann jetzt eine Nachlaßverwaltung eintreten, i. e. nach § 1975 eine Nachlaßpflegschaft zum Zwecke der Befriedigung der Gläubiger, und zwar entweder auf Antrag des Erben (1981 Abs. 1 B.G.B.) oder auf Antrag eines Nachlaßgläubigers (1981, Abs. 2); ersterer bezweckt damit die Beschränkung seiner Haftung (1975), letztere werden dadurch geschützt, wenn sie in dem Verhalten oder der Vermögenslage des Erben ihre Befriedigung aus dem Nachlasse gefährdet sehen.

Es ist also, wie ein Vergleich zwischen § 1960/1 und § 1975 B.G.B. ergibt, der Zweck beider Institute ein wesentlich verschiedener, geradezu gegensätzlicher, in einem Falle nämlich in der Hauptsache Fürsorge für den Erben, im anderen, teilweise wenigstens, Fürsorge gegen denselben d. h. Schutz der Nachlaßgläubiger. [1])

Welches sind nun die Wirkungen der Nachlaßverwaltung mit Rücksicht auf die Prozeßführung?

In Bezug auf die Nachlaßmasse, die, wie § 1976 B.G.B. ergibt, mit Eintritt der Nachlaßverwaltung eine Loslösung vom Erbenvermögen erfährt, wird in § 1984 ein Verlust der Verfügungsbefugnis ausgesprochen, mit der Wirkung, daß verbotswidrige Handlungen des Erben relativ, d. h. in Beschränkung auf den Nachlaß und auf die Nachlaßgläubiger unwirksam sind; dies besagt der Hinweis auf § 7 K.O.

Ein Anspruch gegen den Nachlaß, also ein Passivprozeß kann nur gegen den Nachlaßverwalter geführt werden; dies bestimmt § 1984 Abs. 1 Satz 3 ausdrücklich und entspricht demnach § 1960 Abs. 3 mit § 1958 für den Nachlaßpfleger.

Weiter hat der Nachlaßverwalter nach § 1985 Abs. 1 den Nachlaß zu verwalten; dies umfaßt, wie wir schon wissen, auch die Befugnis zur Geltendmachung im Wege der Klage, also hat der Verwalter auch die aktive Prozeßführungsmacht.

Hier ergibt sich also ein beachtenswerter Unterschied zum Nachlaßpfleger: bei der Nachlaßverwaltung hat der Verwalter unbeschränkt die legitimatio ad processum activa aus § 1985, Abs. 1; bei der Nachlaßpflegschaft hat er sie nicht unbeschränkt; denn erst die Tatsache, daß der Pfleger einen Prozeß wirklich führt, stellt nach § 53 Z.P.O., wie wir gesehen haben, den

[1]) cf. Böhm, Erbrecht, Seite 340 Anm. 5.

Erben für den Rechtsstreit einer nicht prozeßfähigen Person gleich.

Deshalb scheint uns unrichtig, daß, nach Planck, der Nachlaßverwalter die Stellung eines gesetzlichen Vertreters erlangen soll, sobald er von seinem Recht Gebrauch macht, die Vertretung des Erben im Rechtsstreit zu übernehmen, unrichtig, schon mit Rücksicht auf § 1984,1 wonach der Erbe von vorneherein mit Eintritt der Nachlaßverwaltung die Verwaltungsbefugnis und damit die Prozeßführungsmacht verliert; denn in diesem Punkte kommt der Unterschied zwischen Nachlaßpflegschaft und -Verwaltung rechtlich zur Erscheinung; eine Klage des Erben nach Eintritt der Nachlaßverwaltung wäre u. E. ohne Rücksicht, ob der Verwalter schon geklagt hat oder nicht, wegen Mangels der Prozeßlegitimation ohne Wirkung für den Nachlaß und die Nachlaßgläubiger und wäre auch auf die prozeßhindernde Einrede nach § 274 Z. 7 wegen Mangels der gesetzlichen Vertretung abzuweisen.

Die Unrichtigkeit des Planck'schen Standpunkts zeigt sich u. E. weiter darin, daß § 241 Abs. 2 Z.P.O. die Unterbrechung des Prozesses mit Eintritt der Nachlaßverwaltung anordnet. Dadurch nun würde sich die Rechtslage für einen Prozeß, der schon bei Lebzeiten des Erblassers im Gange war, folgendermaßen gestalten: Mit dem Tode tritt eine Unterbrechung nach § 239,1 Z.P.O. ein bis zur Aufnahme durch den Rechtsnachfolger; der Erbe sieht aber erst nach Aufnahme des Prozesses, daß der Nachlaß stark verschuldet ist; er beantragt eine Nachlaßverwaltung und führt damit eine zweite Unterbrechung nach § 241, 2 Z.P.O. herbei. Nach Planck könnte aber der Erbe nach Einsetzung der Nachlaßverwaltung den Prozeß gleichwohl fortsetzen, wenn ihn nicht der Verwalter sofort aufnimmt; denn wie er selbst sagt, der Erbe bleibt geschäftsfähig und prozeßfähig und steht erst damit, daß der Verwalter von seinem Rechte (nicht etwa der Pflicht) Gebrauch macht, einem Prozeßunfähigen gleich.

Wir dagegen glauben, daß der Erbe zum Unterschied von der Nachlaßpflegschaft, für die es sich so verhält, wie Planck entwickelt, mit dem Eintritt der Nachlaßverwaltung die Prozeßlegitimation ein für alle Mal verliert.

Vergleiche hierzu Seuffert § 53 Anm. 3: die Vorschrift des § 53 ist auf die Nachlaßverwalter nicht anwendbar, obwohl die Nachlaßverwaltung eine Art der Nachlaßpflegschaft ist (1975) und der Ausdruck Nachlaßpfleger in § 991,2 Z.P.O. und § 224 K.O. den Nachlaßverwalter mitumfaßt. Der Erbe verliert nämlich durch Anordnung der Nachlaßverwaltung in Ansehung der den Nachlaß betreffenden Prozesse die Sachlegitimation (1984 B.G.B.), aber nicht die Prozeßfähigkeit; die Sachlegitimation verliert der Erbe schon, bevor der Nachlaßverwalter den Prozeß führt und die Fiktion einer durch die Prozeßführung des Nachlaßverwalters eintretenden Prozeßunfähigkeit hätte neben dem sich aus 1984 ergebenden Verluste der Sachlegitimation keinen Sinn."

Im Resultat teilen wir diesen Standpunkt Seufferts vollständig, nicht so in der Motivierung, wonach der Erbe, wie es auch in § 241 Anm. 2 heißt, die Sachlegitimation verlieren soll.

Wir können diesbezüglich nur wiederholend bemerken, die Sachlegitimation verliert der Erbe nicht, so lange die materielle Grundlage der seitens des Nachlaßverwalters geführten Prozesse die Nachlaßmasse und der Erbe das Subjekt derselben ist; solange diese rechtliche Beziehung zwischen dem Erben und dem Nachlasse besteht und keine materielle Rechtsbeziehung sie einschränkt, ist er zur Sache legitimiert; das glauben wir früher in den allgemeinen Erörterungen schon dargetan zu haben.

Dagegen stimmen wir wiederum mit Seuffert darin überein und können auch hierfür auf den allgemeinen Teil unserer Ausführungen verweisen, daß sich an der Prozeßfähigkeit des Erben gleichfalls nichts geändert hat.

Weiterhin ist zweifellos, daß die Wirkungen der Prozeßhandlungen des Nachlaßverwalters für und gegen den Erben eintreten: er haftet für die Prozeßkosten mit einem Vermögensteile, dem Nachlasse, er wird durch die Handlungen des Verwalters berechtigt und verpflichtet; es bleibt deshalb u. E. keine andere Wahl, als zu sagen, der Verwalter vertritt insoweit den Erben, als dieser durch Verlust der Verwaltungsbefugnis nicht selbst handeln kann. cf. insbes. Jaeger zu § 6 K.O. Anm. 10 und R.G. 50 S. 394.

Dagegen setzt die Vertretung in diesem Sinn nicht voraus, daß der Nachlaßverwalter einzig und ausschließlich im Interesse des Erben handeln kann und muß. Er wird das insbesondere dann nicht können, wenn er auf Antrag eines Gläubigers eingesetzt wurde; aus diesem Grunde sind auch Prozesse zwischen Nachlaßverwalter und dem Erben möglich, etwa darüber, ob ein Gegenstand zum Nachlaß gehört oder eigenes Vermögen des Erben ist.

4. Konkursverwalter.

Von allen Fragen über die rechtliche Stellung eines Verwalters fremden Vermögens ist keine so viel umstritten und in der Literatur behandelt, wie die über die Stellung des Konkursverwalters. Amtstheorie und Vertretungstheorie auf der einen Seite und innerhalb der letztern Vertretung des Gemeinschuldners, der Masse, der Gläubiger oder mehrerer derselben vereinigt andrerseits stehen sich hier gegenüber.

Soweit wir diese Frage früher schon behandelt oder in den analogen Fällen besprochen haben, werden wir uns hier auf kurze Rekapitulationen beschränken dürfen.

Daß der Kridar durch die Konkurseröffnung nicht prozeßunfähig wird, glauben wir bei Besprechung der relativen Prozeßunfähigkeit bereits bewiesen zu haben; der Gemeinschuldner ist prozeßfähig und nicht bloß, wie Jaeger K.O. § 6 sagt, im allgemeinen prozeßfähig. Nachdem Vertragsverpflichtungsfähigkeit Grundlage der Prozeßfähigkeit ist, gibt dies Jaeger u. E. zu, wenn er in § 7b A sagt: hat der Gemeinschuldner beispielsweise eine zur Masse gehörige Sache veräußert und übergeben, so wird der Kauf vollwirksam, der Erwerber also ex tunc Eigentümer werden, wenn es infolge Gantverzichts der Gläubiger zur Versilberung der Masse überhaupt nicht kommt.

Trotzdem soll der Gemeinschuldner bezüglich der Masse nicht vertragsverpflichtungsfähig sein, obwohl seine Verträge ex tunc für gültig erklärt werden, sobald der Gegenstand frei ist, eine Frage, die nur für die Erfüllbarkeit des Vertrags von Bedeutung ist, nicht aber für dessen rechtsverbindliches Zustandekommen!

Unrichtig ist u. E. der Standpunkt, den Oetker, konkursrechtliche Probleme (Busch XXV), Gaupp-Stein zu § 53 einnehmen, wonach die Prozeßunfähigkeit des Gemeinschuldners sich auf § 53 Z.P.O., also darauf stützen soll, daß der Kridar für den Prozeß einen Pfleger habe; es würde dann die Prozeßunfähigkeit erst damit eintreten, daß der Verwalter wirklich aufnimmt. Wir können uns auch in diesem Punkte auf die analoge, im vorigen Abschnitte beim Nachlaßverwalter behandelte Frage berufen. Es ist damit auch nicht erklärlich, warum der Gemeinschuldner den von dem Verwalter nicht aufgenommenen Prozeß zu Gunsten seines freien Vermögens aufnehmen darf. Schon dies führt notwendig darauf, daß dem Gemeinschuldner hinsichtlich der Masse die Prozeßführungsmacht fehlt; soweit also die K.O. Prozesse für und gegen den Kridar zuläßt, beziehen sie sich deshalb auf sein freies Vermögen.

So wenig wie der Erbe bei Eintritt der Testamentsvollstreckung oder Nachlaßverwaltung erleidet der Kridar durch die Konkurseröffnung einen Verlust materieller Vermögensrechte; es kann deshalb § 6, 1 K.O., Verlust der Verwaltungs- und Verfügungsbefugnis sich nur so weit erstrecken, als Abs. 2 bestimmt; der Gemeinschuldner verliert nur die Befugnis der Ausübung der ihm fortdauernd zustehenden Vermögensrechte (cf. Jaeger a. a. O. gegen R.G. 29, 29). Umgekehrt verschafft Abs. 2 dem Verwalter kein materielles Recht an der Masse; es soll vielmehr dadurch für den Verwalter die Legitimation geschaffen werden, diese Befugnisse für den Gemeinschuldner auszuüben; der Verwalter übt sie an Stelle des Gemeinschuldners aus, weil es eben dessen Recht ist, das er ausübt, nicht sein eigenes.

Demnach verliert der Gemeinschuldner nicht die Sachlegitimation, er bleibt ja Subjekt der Masse; der Verwalter ist nicht zur Sache, sondern lediglich ad processum legitimiert. Würde der Gemeinschuldner einen Prozeß über einen zur Masse gehörigen Gegenstand nach der Konkurseröffnung weiterführen (in der Annahme, er gehöre zum freien Vermögen), so würde das Urteil der Nichtigkeitsklage unterliegen, weil die Parteien gemäß § 579 Z. 4 Z.P.O. nicht nach Vorschrift der Gesetze vertreten waren. Dagegen bewirkt Mangel der Sachlegitimation zwar Unwirksamkeit des Urteils gegenüber dem wahren Berechtigten, aber keine Nichtigkeitsklage.

Vergl. hierzu Petersen bei Busch XVIII 1 fg.: es ist unrichtig, dem Gemeinschuldner die Aktiv- und Passivlegitimation in den vom Konkursverwalter geführten Prozessen abzusprechen; diese fehlt ihm, wenn man nicht annimmt, sein Vermögen sei auf die Gläubiger übergegangen, in keiner Weise; denn er ist, weil er Subjekt des zur Masse gehörigen Vermögens geblieben ist, auch Subjekt der einen Bestandteil dieses Vermögens bildenden Rechte und Verpflichtungen und damit der richtige Kläger und Beklagte. Daß er nicht in eigener Person klagen kann, hat in der Bestellung eines gesetzlichen Vertreters seinen Grund (u. E. umgekehrt: der Konkursverwalter hat nicht die dem Gemeinschuldner entzogene Verwaltungs- und Verfügungsbefugnis auszuüben, weil er Vertreter des Gemeinschuldners ist, vielmehr ist er als Vertreter desselben anzusehen, weil ihm im Interesse der Gläubiger diese an sich dem Gemeinschuldner zustehenden Befugnisse übertragen worden sind), nicht aber darin, daß der streitige Anspruch, wenn er überhaupt begründet ist, nicht ihm zusteht, oder nicht gegen ihn, sondern gegen eine andere Person gerichtet werden darf, nur darauf kommt es eben bei der Frage nach der Sachlegitimation an. Soweit es sich darum handelt, ob ein gesetzlicher Güterpfleger zum Prozesse legitimiert ist, spricht man nicht von Sachlegitimation, sondern von Legitimation zum Prozeß.

Desgleichen Petersen (Busch IX, S. 33) die Befugnis des Eigentümers, sein Vermögen zu verwalten und darüber zu verfügen, ist nicht ein besonderes selbständiges Recht desselben, das auf einen Dritten als Recht an einer fremden Sache übertragen werden kann, sondern Ausfluß des Eigentumsrechts. Wird die Befugnis der Ausübung entzogen und im eigenen Interesse oder dem Dritter einem anderen übertragen, so erwirbt dieser nicht ein selbständiges, von der Person des Eigentümers losgelöstes Recht an dessen Vermögen (als dingliches Recht an fremder Sache), sondern übt lediglich das dem Eigentümer als solchem zustehende Verwaltungsrecht als dessen Vertreter aus.

Auch über die Stellung des R.G. haben wir uns schon oben geäußert. Mit Recht wendet Jaeger ein, vorausgesetzt, daß man nicht, wie Kiehl, mit Amt den spezifischen Begriff des Staatsamts verknüpft und dann dessen Konsequenzen auch annimmt, wenn man vielmehr unter Amt, als Privatamt, einen bestimmt umschriebenen Pflichtenkreis versteht, lasse sich dies mit der Vertretungstheorie wohl verbinden, zumal mit einer solchen, die nicht davon ausgeht, daß der Verwalter nach jeder Richtung und ausschließlich den Gemeinschuldner vertritt, sondern die dies auf gewisse Beziehungen beschränkt.

Allgemein wird zugegeben, daß die materiell rechtlichen Wirkungen der Handlungen des Verwalters für und gegen den Kridar eintreten; so insbesondere Lippmann, dogmatische Jahrbücher 1900 S. 222. Man wird auch des Weiteren mit dem R.G. 29, 29 fg. sagen müssen, daß ohne den Satz von der Verbindlichkeit der Handlungen ein Konkursverfahren irgend welcher Art nicht möglich ist; auch für die Theorie der Gläubigervertretung, die Successions- und Pfandrechtstheorie muß der Satz gelten, da sonst das ganze Konkursverfahren ein nihil factum bleiben würde.

Handelt aber jemand in fremdem Namen und fremdem Interesse, mit Wirkung für einen andern, dann spricht man eben, wie Jaeger betont, von Stellvertretung. Der Satz v. Cansteins, wo nicht Dispositionsfähigkeit, sondern Dispositionsbefugnis fehle, sei eine gesetzliche Vertretung zum mindesten zwecklos, ist gründlich von Petersen (Busch IX, S. 30) widerlegt.

Gibt man materiell rechtlich die Vertreterstellung des Verwalters zu, so wäre es doch eine recht eigentümliche Spaltung zwischen materiellem und Prozeßrecht, wenn sie für den Prozeß nicht gelten sollte. Es würde überdies die Notwendigkeit entstehen, daß der Konkursverwalter erst alle rechtlichen Wirkungen auf den Gemeinschuldner übertrüge, nachdem ein Satz für Ausdehnung der Urteilswirkung nicht besteht.

Gerade für die Prozeßführungsmacht ist nun das Amt, der Pflichtenkreis des Verwalters in den §§ 10—12 K.O. näher umschrieben. Nach § 241 Z.P.O. werden mit Konkurseröffnung alle schwebenden Prozesse unterbrochen.

Die Unterbrechung der schwebenden Aktivprozesse dauert alsdann so lange, bis der Verwalter sich darüber erklärt hat, ob er den Prozeß aufnehmen werde oder nicht.[2] Der Verwalter hat also insoweit eine ausschließliche Prozeßführungsmacht, und zwar ausschließlich der Art, daß auch der Gegner seinerseits nicht vorgehen kann; nur wenn die Aufnahme durch den Verwalter verzögert wird, steht ihm nach § 239 Z.P.O. das Recht zu, den Verwalter zur Aufnahme zu laden.

Lehnt der Verwalter die Aufnahme ab, so gehört der Streitgegenstand zum freigegebenen Vermögen des Gemeinschuldners; er steht damit außerhalb des Prozeßführungsverbots und der unterbrochene Prozeß kann von dem Kridar sowohl, wie von dem Gegner aufgenommen werden. War das streitbefangene Recht in Wahrheit konkursfrei, so unterliegt ein Urteil für oder gegen den Konkursverwalter der Nichtigkeitsklage nach § 579 Nr. 4 Z.P.O.[1])

Anders verhält es sich mit Passivprozessen i. s. solchen, die gegen den Gemeinschuldner anhängig sind.

Soweit dieselben Forderungen zum Gegenstande haben, die im Konkurse als gewöhnliche Konkursforderungen erscheinen, müssen die Ansprüche trotz ihrer Rechtshängigkeit im Konkursverfahren, wie jede andere Forderung angemeldet werden; auf das weitere Verfahren finden die Grundsätze, wie für nicht rechtshängige Forderungen Anwendung: wird nämlich bei der Anmeldung von keiner Seite widersprochen, dann ist der Prozeß, soweit er Beteiligung an der Masse in Anspruch nimmt, gegenstandslos; hat der Gemeinschuldner allein widersprochen, dann bewirkt die Eintragung in die Konkurstabelle nicht, wie sonst,

---

[1]) cf. Jaeger, Konkursordnung § 10 Anm. 22.

[2]) Vergl. hierher R.G. in Civils. Bd. 54 S. 120.

ihm gegenüber Rechtskraft, sondern nach § 144, 2 K.O. kann der Prozeß nun gegenüber dem Gemeinschuldner aufgenommen werden, d. h. mit Wirkung des Urteils für und gegen das freie Vermögen desselben.

Wird aber seitens des Verwalters oder eines Gläubigers oder mehrerer derselben widersprochen, dann sind die Bestimmungen des § 146 K.O. einschlägig; ein schon anhängiger Prozeß wird durch den anmeldenden Gläubiger aufgenommen; Absatz 3, wobei der Widersprechende in die Stellung des Gemeinschuldners einrückt. Daneben ist aber gleichzeitig noch der Prozeß gegen den Gemeinschuldner nach § 144 denkbar.

Es entspricht diese Möglichkeit gleichzeitiger, doppelter Geltendmachung desselben Anspruchs den Verhältnissen bei der offenen Handelsgesellschaft und schließt deshalb nicht aus, daß auch hierbei der Konkursverwalter, wenn er als Widersprechender in den Prozeß eintritt, den Kridar vertritt. Auch bei der offenen H.G. ist gleichzeitige Inanspruchnahme der Gesellschaft und eines oder mehrerer Gesellschafter möglich, ja sogar notwendig, wenn man in das Privatvermögen der Gesellschafter vollstrecken will; auch hier sind die Gesellschafter Subjekte des Gesellschaftsvermögens und wird dasselbe durch die geschäftsführenden Gesellschafter vertreten.

Es scheint uns deshalb unrichtig, wenn Lippmann (l. c.) ausführt, der sog. Liquidationsstreit sei Streit über die Vollstreckung und der Konkursverwalter vertrete deshalb dabei nicht den Gemeinschuldner. Jeder Gläubiger vertrete vielmehr sein eigenes Recht, das Befriedigung erstrebt, und eine Einbuße erleide, wenn ein anderer nicht Gleichberechtigter an der Masse mit Dividenden teilnehme. Der Verwalter sei Vertrauensmann der Gläubiger, der Unparteiische im Streite der Gläubiger unter sich, als welcher sich der Liquidationsstreit darstelle, ein bellum omnium contra omnes; er könne als Beistand derjenigen Gläubiger bezeichnet werden, die sich im Liquidationsstreite seiner Führung anvertrauen.

Dagegen wenden sich Schultze (S. 48), bes. Petersen (Busch IX, S. 44): die Gläubiger, welche ihre Forderungen anmelden, geben damit ihr Verlangen zu erkennen, aus der Konkursmasse befriedigt zu werden. Voraussetzung dieser Befriedigung und der Teilnahme an dem Konkursverfahren ist die Anerkennung der Konkursforderung durch denjenigen, der die Konkursmasse verwaltet und verteilt; das ist aber der Konkursverwalter. Für die Annahme, dieser Anspruch sei gegen die Konkursgläubiger zu richten, fehlt schon deshalb die Grundlage, weil den Gläubigern, weder einzeln, noch in ihrer Gesamtheit, ein Verfügungsrecht bezüglich der Konkursmasse zusteht. Auch läßt das selbständige Widerspruchsrecht der Gläubiger erkennen, daß der Verwalter hier, wie in anderen Richtungen, als Vertreter des Gemeinschuldners gilt.

Eine Sonderstellung nehmen ferner diejenigen Passivprozesse ein, in denen ein Aussonderungs-, Absonderungs- oder Masse-Anspruch geltend gemacht wird.

Hier ist berechtigt zur Aufnahme der unterbrochenen Passivprozesse über die Aktivmasse nicht nur der Konkursverwalter, wie bei Aktivprozessen, sondern auch der Gegner; dagegen ist nicht zur Aufnahme befugt, weder aktiv noch passiv, der Gemeinschuldner, da der Prozeß die Konkursmasse betrifft und in diesem Umfange dem Gemeinschuldner eben die Prozeßführungsmacht fehlt.

Hat allerdings der Konkursverwalter erklärt, er nehme das streitbefangene Objekt für die Masse nicht in Anspruch, dann geht der angebliche Massegegenstand dadurch ins freie Vermögen des Gemeinschuldners über und ist entsprechend § 10 Abs. 2 K.O. zu behandeln.

Gegen den Einwand Oetkers, daß in Aussonderungsprozessen der Verwalter lediglich das eigene Faktum der Besitzergreifung vertrete, solche Prozesse also kraft eigenen Rechts führe, vergleiche Petersen (l. c. S. 39 fg. insbes.); es kann keinem Zweifel unterliegen, daß der Verwalter in allen diesen Fällen, insbesondere soweit er Aussonderungsansprüche bekämpft, auf Grund der ihm nach § 5 übertragenen Befugnisse handelt und die Stelle des Gemeinschuldners vertritt, der sich, wenn es nicht zum Konkursverfahren gekommen wäre, darüber schlüssig zu machen hätte, ob er einen derartigen Anspruch anerkennen oder bestreiten wolle.

Auch bezüglich der Anfechtungsklagen vertritt Petersen (l. c. S. 45 fg., 52) die Ansicht, der Verwalter handle hierbei als Vertreter des Gemeinschuldners; es sollen dadurch gewisse zur Masse gehörigen Gegenstände derselben erhalten, oder solche, die ihr durch den Gemeinschuldner entzogen worden sind, wieder zurückerworben werden. Zur Begründung müsse der Verwalter nachweisen:

1. daß der Anspruch zur Konkursmasse gehöre,
2. daß die betreffende Rechtshandlung den Konkursgläubigern gegenüber unwirksam sei. Es handle sich bei dieser Klage

wesentlich darum, ob die zum Vermögen des Gemeinschuldners gehörige Masse einen größeren Umfang haben solle und es wird dessen Vermögen größer oder kleiner, je nachdem der Verwalter siegt oder unterliegt.

Dies scheint uns deshalb unrichtig zu sein, weil der Anfechtungsanspruch kein Anspruch des Gemeinschuldners ist, sondern eben nur den Gläubigern zusteht, ausgeübt durch den Konkursverwalter (§ 39 K.O.).

Es soll dadurch auch nicht das Vermögen des Kridars vermehrt, sondern das den Gläubigern zur Befriedigung wegen ihrer Ansprüche zur Verfügung stehende Vermögen gewissermaßen vervollständigt werden; eine Wiederherstellung des Vermögens auf eine Höhe soll erfolgen, die es haben würde, wenn die den Konkursgläubigern gegenüber unwirksamen Handlungen nicht eingetreten wären.

Kommt es deshalb zur Beendigung des Konkurses ohne Masseausschüttung vor Abschluß solcher Prozesse, so kann der Gemeinschuldner die Anfechtungsprozesse nicht durchführen; denn der Anfechtungsanspruch ist nicht Massebestandteil, der nun wieder der freien Verfügung des bisherigen Gemeinschuldners anheimfiele; im Verhältnis zu ihm waren die Rechtshandlungen nicht anfechtbar und sind es nicht auch geworden.

cf. Schultze: S. 64 in einer Beziehung ist der Verwalter kraft positiver Vorschrift Stellvertreter der Gläubiger, nämlich in Ausübung des Anfechtungsrechtes; ebenso Jaeger, § 29 Anm. 43 Subjekt des Anfechtungsanspruchs und damit Partei im Anfechtungsprozesse ist die Gesamtheit der Konkursgläubiger, vertreten durch den Konkursverwalter.

Ist sonach der Gemeinschuldner zur Sache legitimiert und prozeßfähig, mithin Partei in den vom Konkursverwalter geführten Prozessen, mit Ausnahme der Anfechtungsprozesse, und treten die Wirkungen der Rechtskraft in seiner Person ein, so bleibt schließlich noch die Frage, die für die konstruktive Seite Kernpunkt ist, die Frage nach der Zeugnisfähigkeit des Gemeinschuldners.

Hierin werden wir aber, wie schon oben für alle diese Vertretungsverhältnisse geschah, von dem Satze ausgehen dürfen: Zeugnisfähig ist, wer nicht parteieidesfähig ist.

Daß der Gemeinschuldner, obwohl Partei, nicht parteieidesfähig ist, ergibt sich aus § 473 Abs. 1 Z.P.O., dessen analoge Anwendung auf den prozeßfähigen Gemeinschuldner umsomehr geboten erscheint, als die Z.P.O. offensichtlich überhaupt nur von der Vertretung prozeßunfähiger Personen durch gesetzliche Vertreter ausgeht.

Andrerseits erscheint von unserem Standpunkte aus eine analoge Anwendung des § 473 Abs. 2 Z.P.O., die Petersen (l. c. S. 63) vorschlägt, nicht notwendig, weil auf Grund obigen Satzes das Wissen des Gemeinschuldners im Prozeß durch seine Vernehmung als Zeuge verwertet werden kann. cf. Jaeger § 6 Anm. 43 I. Auflg., wo noch analoge Anwendung von § 473 Abs. 2 empfohlen ist, dagegen II. Auflg., worin die Zeugnisfähigkeit bejaht wird.

III. Gemeinschaftsverhältnisse.

1. Des bürgerlichen Rechts.

Mehrere Gläubiger können der Art berechtigt sein, daß jeder von ihnen nur einen Teil der Leistung oder jeder das Ganze fordern kann, der Schuldner aber nur einmal zu leisten verpflichtet ist; ersteren Falles ist das Schuldverhältnis geteilt, letzteren Falls spricht man von Gesamtschuldverhältnis. Eine Mehrheit von Gläubigern bzw. Schuldnern ist noch in andrer Form möglich, nämlich so, daß die Leistung von den mehreren nur gemeinschaftlich bewirkt werden kann und nur von allen gefordert werden darf: bei unteilbaren Leistungen an mehrere; hierbei kann auch jeder auf Leistung an alle zuweilen klagen; ein ähnliches Verhältnis liegt bei der gesamten Hand vor.

Daraus ergeben sich die im B.G.B. zu unterscheidenden drei Formen: die schlichte Rechtsgemeinschaft (nach Bruchteilen), die volle Mitberechtigung, Gemeinschaft zur gesamten Hand.

Für jede derselben gestaltet sich die Sachlegitimation, entsprechend der Verschiedenheit der rechtlichen Beziehung, anders.

a) Gemeinschaft nach Bruchteilen liegt vor, bei Unteilbarkeit einer Leistung an mehrere, so nach § 1011, Abs. 2 B.G.B. für Miteigentümer beim Herausgabeanspruch; bei Teilbarkeit dagegen vor allem bei der Gemeinschaft; nach § 741 fg. B.G.B. hierbei stehen im Zweifel nach § 742 B.G.B. allen Teilhabern gleiche Teile zu, jeder Teilhaber kann aber nur über seinen Anteil frei verfügen. Ueber den gemeinschaftlichen Gegenstand im ganzen können die Gemeinschafter nur gemeinschaftlich verfügen; desgleichen besteht gemeinschaftliche Verwaltung.

In gleicher Weise gestaltet sich auch die Befugnis zur prozessualen Geltendmachung; der einzelne ist nur bezüglich seines Anteils zur Sache legitimiert; allein es steht auch nichts im Wege, daß alle Gemeinschafter einem von ihnen Vollmacht erteilen.

Besondere Bestimmungen gelten für eine unteilbare Leistung an eine Gemeinschaft, die im Gesamtgläubigerverhältnis stehen; der Schuldner kann nur an alle leisten oder für alle hinterlegen, wie auch jeder Gläubiger nur mit dem Antrage auf Leistung bzw. Hinterlegung für alle klagen kann.

b) Bei der vollen Mitberechtigung hat jeder Berechtigte das Recht auf die volle Leistung; aber die Leistung an einen der Gläubiger befreit den Schuldner gegenüber allen: § 428 B.G.B.; es kann demnach jeder Gläubiger den Schuldner auf Leistung verklagen, ohne daß der Schuldner gegenüber einer Mehrheit von Klagen die Einrede der Rechtshängigkeit hätte. Dagegen hat er aus der Leistung an den einen die Einrede der Erfüllung gegenüber allen anderen. Der Klageanspruch geht daher auf Leistung an den Kläger (oder einen der mitberechtigten Gläubiger).

Die Sachlegitimation hat also jeder Berechtigte bzw. Verpflichtete im Umfange der ganzen Forderung.

c) Die Gemeinschaft zur Gesamthand hat ihre gesetzlichen Anwendungsfälle in der Gesellschaft des B.G.B., der aufgelösten Gütergemeinschaft und der Erbengemeinschaft; im übrigen hat sie statt in Fällen, wo die Gemeinschaft auf Vertrag beruht.

Sie ist nicht Rechtsinstitut, sondern Rechtsprinzip, ausgehend von der Anschauung, daß das gesamte Vermögen und die dazu gehörenden Gegenstände dem Rechte nach ungeteilt bleiben. Der Anteil des einzelnen Gemeinschafters ist kein Individualrecht an der Substanz des Vermögens, keine Rechtsquote, sondern eine Wertquote, nach welcher er an dem Genusse des Vermögens während bestehender Rechtsgemeinschaft und an der Auseinandersetzung nach Auflösung derselben teilnimmt.

Verfügungen können die Gesellschafter nur mit gesamter Hand vornehmen; zwar kann einem einzelnen oder mehreren die Vertretung übertragen werden, so daß seine Handlungen die Mitgesellschafter verpflichten; aber haftbar sind immer die einzelnen Gesellschafter, nicht die Gesellschaft als solche.

Daraus ergibt sich für die Parteistellung: Partei können nur alle Gesellschafter zusammen sein; denn nur alle gemeinschaftlich können regelmäßig Gesellschaftsrechte geltend machen.

Sind einzelne von der Vertretung ausgeschlossen, so gilt dies nicht für den Prozeß; denn es fehlt eine Vorschrift, welche den Vertreter zu allen gerichtlichen Handlungen legitimierte und in dem Umfange, nach dem der eine vertragsmäßig befugt sein solle, die anderen ausschlösse.

Für die Einzelklage fehlt dem Gesellschafter die Aktivlegitimation und zwar auch dann, wenn er Verurteilung zur Leistung an alle beantragen wollte; nur mit Prozeßvollmacht aller übrigen könnte der einzelne klagen.

Das gleiche ergibt sich für die Passivlegitimation; nachdem die Anteile an den einzelnen zum Gesellschaftsvermögen gehörigen Gegenständen unpfändbar sind, muß jeder Gläubiger, um gegen das Gesellschaftsvermögen als solches zu vollstrecken, alle Gesellschafter verklagen. § 736 Z.P.O.

Verklagt dagegen ein Gesellschaftsgläubiger den einzelnen Gesellschafter allein, so kann er nur dessen Anteil am Gesellschaftsvermögen pfänden und die Gesellschaft aufkündigen. (§ 725 B.G.B.) Er erhält dann, was bei der Auseinandersetzung der Gesellschaft für den betreffenden Gesellschafter anfällt.

Im Gegensatze zu Hellwig führt Gaupp-Stein (Anm. 14 zu § 50) aus, daß die Gesellschaft als solche nicht klagen oder verklagt werden kann, weil es nicht möglich ist, § 50 Z.P.O. mit § 54 B.G.B. der Art in Einklang zu bringen; denn wenn auch § 54 auf die rechtsfähigen Vereine die Vorschriften, welche materiell für die Gesellschaft gelten, für anwendbar erklärt, so ist doch noch nicht die Umkehrung zulässig, nämlich die Uebertragung für die Vereine gültiger Vorschriften auf die Gesellschaft. Auch in den Fällen, in welchen einzelne Gesellschafter in Vertretung der übrigen klagen oder verklagt werden, sind alle Gesellschafter Partei im Rechtsstreite.

Auch die Erbengemeinschaft ist Gemeinschaft zur Gesamthand, wenn auch die prozessuale Regelung aus praktischen Gründen eine andere ist.

Das B.G.B. hält den Weg der gemeinschaftlichen Klage für unpraktisch, wenn es sich um Geltendmachung eines zum Nachlasse gehörigen Anspruchs handelt; deshalb gibt es jedem Miterben das Recht, von dem Verpflichteten die Leistung an alle Erben zu fordern. (§ 2039 B.G.B.)

Das Recht eines Miterben hierzu beruht lediglich auf Zweckmäßigkeitsgründen; der einzelne vertritt die Interessen des Nachlasses als solchen. R.G. 34, 364. Aus diesem Gesichtspunkte muß seine Legitimation erklärt werden; der Miterbe ist Partei im Interesse des Nachlasses; die Wirkung der Rechtshängigkeit und der Rechtskraft erstreckt sich deshalb auf den Nachlaß, nicht etwa nur auf den Anteil des klagenden Miterben.

2. Offene Handelsgesellschaft.

Unter den Gemeinschaftsverhältnissen erfordern die Rechtsverhältnisse der offenen Handelsgesellschaft eine besondere Beachtung; denn hier ist die Frage, wer ist Partei in den Prozessen derselben, besonders bestritten. Drei Theorien wurden hierüber aufgestellt:

1. Behandlung als juristische Person,
2. berechtigt und verpflichtet sind die Gesellschafter, wobei die von der Vertretung Ausgeschlossenen in den geschäftsführenden Gesellschaftern ihre Vertreter haben,
3. die Gesellschafter als Streitgenossen in ihrer Gesamtheit.

Der Einwand, der von Wach[1]) gegen die erstgenannte Auffassung gemacht wird, daß die Klage von der oder gegen die Gesellschaft nicht die Klage des Rechtssubjekts Gesellschaft oder gegen dasselbe sei, weil die Verurteilung der Gesellschaft oder ihrer Gegner Urteil gegen oder für die Gesellschafter sei, erledigt sich jetzt durch § 124 Abs. 2 mit 129, 4 H.G.B.

Diese Paragraphen, in denen nur an Stelle des Urteils seine Anwendbarkeit in der Zwangsvollstreckung als Vollstreckungstitel gesetzt ist, ergeben deutlich, daß das Urteil gegen die Gesellschaft nicht identisch ist mit dem Urteile gegen die Gesellschafter.

Sieht man aber, wie sub 2 u. 3, die Gesellschafter, sei es einzeln, sei es in ihrer Gesamtheit als Partei an, so fragen wir, woher kommt denn, daß die Klage gegen alle einzelnen Gesellschafter nicht identisch ist mit der Klage gegen die Gesellschaft? Daß sie es nicht ist, zeigt die Vollstreckung, für welche Vollstreckungstitel gegen jeden einzelnen Gesellschafter nicht, auch nicht in ihrer Gesamtheit den Titel zur Vollstreckung in das Gesellschaftsvermögen abzugeben vermögen.

Ebenso wären, die Klage gegen die Gesellschaft in diesem Sinne gefaßt, damit auch alle Gesellschafter verklagt, und doch ist zur Vollstreckung gegen sie ein solches Urteil wiederum nicht genügend.

Da aber zur Vollstreckung ein rechtskräftiges Urteil gegen den Beklagten notwendig ist, die Wirkung der Rechtskraft, abgesehen von den wenigen Fällen der sogenannten erweiterten Rechtskraft, nur inter partes eintritt, so kann man aus der ausschließlichen Vollstreckbarkeit eines Urteils in das Gesellschaftsvermögen rückwärts schließen, daß auch die Gesellschaft, nicht die Gesellschafter Partei gewesen sein muß.

---

[1]) Zeitschrift für Zivilprozeß IX, S. 438 fg.

Es kommt demnach der Gesellschaft nicht bloß formelle, sondern auch materielle Parteifähigkeit zu: cf. insbes. Rich. Schmidt § 30 S. 148/9, R.O.H.G. 6, 147, 20, 181, R.G. 5, 70; 13, 96, wo die Parteifähigkeit der offenen Handelsgesellschaft als eine echte behandelt ist.

Sie wird als solche klagbar und verklagt, das Urteil auf ihren Namen gestellt, Vollstreckung erfolgt nur in das Gesellschaftsvermögen und die im Urteil enthaltene Feststellung kann im Prozesse gegen die socii mit Einrede der rechtskräftig entschiedenen Sache nicht geltend gemacht werden.

Es ist diese Behandlung angesichts der Stellung der Vereine im geltenden Recht nichts Außergewöhnliches; das Bedenken, daß ein Wesen, welches privatrechtlich nicht selbständige Person ist, prozeßrechtlich dazu gemacht wird, verfängt in Wahrheit nicht; denn die Rechtsanschauung begrenzt die Persönlichkeit von Vermögensinteressenten gerade soweit, als dies praktisches Bedürfnis ist.

Dies sei auch gegen Binder[1]) eingewendet, der in Gegensatz zu Hellwig (Klagerecht und Klageanspruch) schreibt: so praktisch die Gestaltung des Gesellschaftsprozesses bei dieser Sachlage ist, so möchte ich dagegen doch die Bemerkung nicht unterdrücken, daß er die juristische Person der Handelsgesellschaft leugnet, aber gleichzeitig (270 Note 12) die materielle Rechtssubjektivität anerkennt. Daß eine Organisation Rechtssubjekt sein kann, ohne juristische Persönlichkeit zu haben, ist schwer verständlich."

cf. auch Gaupp-Stein zu § 50 II: Mindestens für das Gebiet des Prozeßrechts ist auch die offene Handelsgesellschaft selbständiges Rechtssubjekt und die einzelnen Gesellschafter sind gesetzliche Vertreter der Gesellschaft im Prozeß, nicht aber ihrer Mitgesellschafter. Dies ist jetzt durch §§ 124, 2 und 129, 4 H.G.B. so unzweideutig ausgesprochen, daß die bisher schon höchst bedenkliche Auffassung, daß die Gesellschafter selbst Partei seien, nunmehr für den Prozeß unhaltbar ist. (Literaturangabe S. 134 Note 13.)

Mit Recht weist auch die Denkschrift zum H.G.B. (zu § 122 d. Entw.) daraufhin, daß § 124, 1 für die Gesellschaft eine andere Bedeutung habe, als § 17, 2 H.G.B. für den Einzelkaufmann; bei letzterem handelt es sich tatsächlich nur um eine Bequemlichkeit; anders bei ersterer, wo wir gesehen haben,

---

[1]) Binder, Beiträge zur Auslegung d. bgl. Rechts II, S. 161.

daß der Gesellschafter in scharfen Gegensatz tritt zur Gesellschaft, das Gesellschaftsvermögen völlig getrennt wird vom Privatvermögen der Gesellschafter.

Im wesentlichen übereinstimmend zu der dargelegten Anschauung verhält sich auch Staub (zu § 124), wenn auch im einzelnen, wie Hellwig (l. c. S. 268 fg.) u. E. mit Erfolg nachweist, Inkonsequenzen unterlaufen; insbes. folgende: einerseits: die Gesellschaft wird durch diese Vorschrift nicht zur juristischen Person; vielmehr wird dem aus den Gesellschaftern gebildeten Personenvereine formelle Parteifähigkeit verliehen; andrerseits: die Gesellschaft ist zwar partei-, aber nicht prozeßfähig, d. h. sie ist fähig, Subjekt von Rechten und Verbindlichkeiten und damit Prozeßsubjekt zu sein. Mit letzterem Satze ist doch die materielle Parteifähigkeit zugegeben.

Demnach ergibt sich für die Sachlegitimation, daß sie, wie bei jeder prozeßunfähigen Partei, bei der Partei selbst, d. h. also bei der Gesellschaft nicht bei ihrem Vertreter vorhanden sein muß. Die Gesellschaft, verkörpert im Gesellschaftsvermögen, muß in solcher rechtlicher Beziehung zu dem Anspruche stehen, daß die Befugnis zur klageweisen Geltendmachung daraus folgt.

Denn daß der Anspruch gegen die Gesellschaft und der gegen die einzelnen Gesellschafter gerichtete verschiedenartig sind, zeigt eben die Möglichkeit gesonderter, gleichzeitiger Geltendmachung.

Wie der Vormund für den Mündel üben die geschäftsführenden Gesellschafter für die Gesellschaft die aus der Sachlegitimation fließende Befugnis aus.

Deshalb kann der einzelne Gesellschafter die Gesellschaft selbst verklagen, als Nebenintervenient auftreten, Hauptintervention und Widerspruchsklage erheben, und hat umgekehrt nicht die Einrede der Rechtshängigkeit aus Prozessen der Gesellschaft, — alles, weil er in dem Gesellschaftsprozesse nicht Partei ist.

Die nach den bisherigen Anschauungen (cf. Wach l. c.) sehr bestrittene Frage der Eideszuschiebung ist von unserem Standpunkte aus zweifellos nur an die zur Vertretung berufenen Mitglieder bezw. Liquidatoren zulässig, nicht an alle Gesellschafter (Literaturangabe bei Gaupp-Stein zu § 473 Anm. 4.)

Auch ein Wechsel in dem Mitgliederbestande der Gesellschaft vollzieht sich während eines schwebenden Prozesses von dem Standpunkte, welcher die Gesellschaft als Partei betrachtet, ohne Hindernis[1]): Die Parteistellung der Gesellschaft wird durch ihren Mitgliederbestand nicht berührt. Möglicherweise und kann sich dadurch allerdings eine Veränderung in der gesetzlichen Vertretung ergeben.

Wer dagegen die Gesellschafter auch im Gesellschaftsprozeß als Partei ansieht, kann in Ermangelung eines besonderen Rechtssatzes den Verlust bezw. den Erwerb der Qualität als Prozeßpartei für Ausscheidende bezw. Eintretende aus der Succession in die Streitsache nicht rechtfertigen; bei Aktivprozessen steht § 265 Z.P.O. im Wege, für Passivprozesse fehlt ein rechtfertigender Grund; denn die Haftungsübernahme genügt nicht, um eine prozessuale Succession nach sich zu ziehen (Hellwig S. 284).

Ganz ähnlich verhält es sich bei Eintritt der Liquidation während eines schwebenden Prozesses; jedenfalls erleidet der anhängige Gesellschaftsprozeß durch den Eintritt derselben keine Aenderung in Beziehung auf die Partei; die Gesellschaft bleibt Partei und zur Sache legitimiert.

Es kann sich also nur die gesetzliche Vertretung geändert haben. Allein auch dies muß nicht notwendiger Weise erfolgen, denn auch die bisherigen, geschäftsführenden Gesellschafter können Liquidatoren sein und werden es sogar in der Regel sein (§ 145 fg. H.G.B.).

Faßt man die vertretungsberechtigten Gesellschafter als Organ des Sondervermögens auf, so kann der Wechsel in denselben so wenig eine Unterbrechung herbeiführen, wie etwa der Wechsel im Vorstande (oder Aufsichtsrat) auf die Prozesse der juristischen Personen (Aktiengesellschaften) oder rechtsfähigen Vereine: so R.G. 34, 362, Thiele, Archiv f. ziv. Pr. 82, S. 64, Hellwig S. 287.

Betrachtet man dagegen die Gesellschaft als rechtsfähig, aber prozeßunfähig, dann ist wohl eine Unterbrechung nach § 241 Z.P.O. letzte Alternative gegeben, weil die gesetzliche Vertretungsbefugnis aufhört, wobei aber noch die Modifikation nach § 246 Z.P.O. zu beachten ist, wenn ein Prozeßbevollmächtigter aufgestellt ist.

---

[1]) Für die Frage des Mitgliederwechsels und des Eintritts der Liquidation während eines schwebenden Prozesses verweisen wir auf Schäfer: über den Einfluß der Auflösung einer off. H.G. auf schwebende Prozesse, in denen die Gesellschaft Partei ist; Gruchots Beiträge, Jahrg. 38 S. 800 fg., bes. 807.

Dazu kommt, daß nach § 146 H.G.B., wenn nichts anderes vereinbart ist, die sämtlichen Gesellschafter Liquidatoren sind; dadurch bleiben die bisherigen vertretungsberechtigten Gesellschafter in jedem Falle gesetzliche Vertreter und würde sich nur ihre Zahl um die bisher von der Vertretungsmacht ausgeschlossenen Gesellschafter vermehren. Dies wäre wiederum kein Grund zur Prozeßunterbrechung, so wenig, wie eine Statutenänderung eines rechtsfähigen Vereins, welche die Zahl der zeichnungsberechtigten Vorstandsmitglieder verändert, eine Unterbrechung eines schwebenden Prozesses zur Folge hätte.

Schließlich ergibt sich für uns die gleicheinfache Entwicklung bei Auflösung der Gesellschaft ohne Liquidation: es erlischt der Gesellschaftsprozeß sobald alle Gesellschaftsrechte und -Verbindlichkeiten auf den Uebernehmer übergegangen sind, weil damit die bisherige Partei in Wegfall gekommen ist.

Anderes gilt für den Konkurs der offenen Handelsgesellschaft. Hier gibt die Bestimmung des § 244 K.O. e contrario[1]) den unzweideutigen Hinweis, daß für den Konkurs die geschäftsführenden Gesellschafter als Gemeinschuldner und demgemäß als Partei in den Prozessen gelten. Allein es ist dies eine ausdrückliche Regelung für den Konkurs, die deshalb nicht als Beweismittel gegen unseren Standpunkt dienen kann, weil der Konkurs die Person eines Gemeinschuldners bedarf, während im übrigen dem Prozeß eine unpersönliche, fingierte Partei (juristische Person, nicht rechtsfähiger Verein) nicht fremd ist.

[1]) cf Jaeger, Konkurs d. off. H.G. Seite 81 fg. Freiburg 1897.

Druck von C. Brügel & Sohn in Ansbach.

FSC
www.fsc.org
MIX
Papier | Fördert
gute Waldnutzung
FSC® C083411

Kolibri 360 GmbH
Ferdinand-Jühlke-Straße 7
99095 Erfurt, Deutschland
produktsicherheit@kolibri360.de